나이 50이 넘어서야 내가 예쁜걸 알았다

BookFunding

저자소개

저자는 삶과 미용의 관계에 대한 깊은 성찰을 통해 미용의 법칙을 이야기한다.

이러한 배경은 교육, 방송국, 광고, 패션쇼, 카탈로그, 드라마 등 다양한 분야에서 톱배우부터 일반인들까지 28년 동안 스타일리스트로 활동하며 노령화 시대에 뉴시니어 뷰티 이미지에 대한 열정으로 건국대학교 이미지학 석사 학위를 받고, 건국대학교 화장품공학과 박사과정 수료를 하였다.

이후, 보민 뷰티이미지 컨설팅 연구소(Bomin Beauty Image Consulting Lab)를 운영하며 뉴시니어 뷰티이미지 컨설턴트 자격증 과정도 진행하고 있다.

나이 듦을 아름다운 여정의 관점으로 해석하여 누구나 가지고 있는 매력적인 요소를 잘 발현할 수 있도록 돕고 있다. 곧 저자 자신이 뉴시니어의 삶이다.

추천사

✦

박 주 정

전) 광주서부교육장
선생 박주정과 707 명의 아이들 저자

작가와의 인연은 Good TV 방송국 프로그램 진행자로 분장을 받으면서 시작되었다.
여러 방송국에서 메이크업을 받아봤지만.그날의 손길은 유독 마음에 남았다.
자연스런 대화로 인연이 이어졌고 그는 단정한 외모속에 향기로운 품격이 느껴졌다.
28년간 쌓아온 작가의 진정성과 치열한 삶의 흔적은 그 자체로 매력적이었다. 나는 책을 내보길 권했고 초고를 읽는 순간 깊은 감동이 밀려왔다
교육자로서 수많은 책을 읽어왔지만 이처럼 짧은 문장 속에 깊은 통찰과 실질적인 지혜가 담긴 글은 드물다.
특히, " 성공한 사람일수록 머리부터 발끝까지 자신의 스타일과 루틴 그리고 철학을 가지고 있다" 는 문장은 현대를 살아가는 모두에게 큰 울림을 준다.
이 책은 단순한 외모 관리서가 아니라, 삶의 태도와 자기관리의 철학을 담은 작품이다.
직장인과 시니어는 물론 청소년과 청년들에게도 미래를 준비하는 깊은 통찰을 선물할 것이다.
이 책을 통해 더 많은 이들이 자신만의 품격과 아름다움을 발견하길 바란다.

추천사

✦

임 정 은

학생과 청소년 신문사 주필

저자 윤서빈은 28년간 수많은 연예인, 정치가, 저명인사들의 스타일을 완성해 온 뷰티 스타일리스트입니다. 그녀는 오랜 시간 외모를 다듬는 일 속에서 사람을 진정으로 빛나게 하는 힘은 화장이나 패션이 아니라, 자기 자신을 사랑하고 존중하는 마음에서 비롯된다는 사실을 깨달습니다. 이 책은 그 깨달음을 바탕으로 , 저자가 새로운 길- '뷰이컨(뷰티이미지컨설턴트, Beauty Image Consultant)'으로서 뉴시니어의 아름다움을 연구하며 외면과 내면의 조화를 탐구해온 여정을 담고 있습니다. 단순한 스타일링의 기술을 넘어, 자기 돌봄, 자기 존중, 삶의 태도를 아름다움의 본질로 확장한 실용적인 철학서라 할 수 있습니다. 이 책은 - 60대에게 '삶의 품격' 을 되찾게 하는 동반자입니다. 세월의 흔적 속에서도 여전히 우아하고 당당하게 설 수 있는 내면의 힘을 깨닫게 합니다. - 50대에게 '변화의 용기' 를 주는 길잡이입니다. 가정과 사회에서의 역할을 내려놓고, 오롯이 자신의 색깔로 다시 빛나기 시작하는 순간을 선물합니다. - 40대에게 '앞으로의 나' 를 설계하게 하는 거울입니다. 바쁘고 치열한 일상 속에서도 자신을 돌보는 시간의 필요성을 일깨우며, 진짜 나를 찾아가도록 이끌어줍니다. 저자 윤서빈의 글은 따뜻하면서도 실용적입니다. 수많은 현장 경험에서 길어올린 생생한 사례와 철학이 어우러져 있으며, 생활 속에서 쉽게 실천하여 매력적인 뉴시니어로 변신할 수 있는

방법과 팁을 제시하고 있습니다. 읽는 이로 하여금 자연스럽게 거울을 마주하게 하며, 그 거울 앞에서 이렇게 속삭이게 합니다. " 나는 여전히 아름답다" 이 책은 나이와 상관없이 모든 세대에게 전하는 자기 회복의 메시지이자. 아름답게 나이 든다는 것의 진정한 의미를 일깨워주는 인생의 선물입니다.

추천사

✦

송 인 섭

철학박사, 숙명여자대학교 명예교수,
서울일보 명예회장

인간의 삶은 시간과 더불어서 변한다
육체적인면과 정신적인 면이 있는데 정신적인면의 상당 부분은 "타인에게 어떻게 비추어지느냐" 는 달리 표현을 하면 아름다움과 뷰티 선상에서 저자가 애기하고 있는" 나이가 먹고 세월이 흘러도 인간은 그 나이에 맞는 의무적인 삶의 아름다움이 존재하고 그럴때 내적으로 더욱 풍요롭고 삶의 의미를 느낄 수 있다.
모든 사람들은 나이에 따른 외모적인 아름다움과 충실함.표현.이러한 것을 통해서 자신의 삶 을 행복으로 의미있고 가치롭게 만드는 것이 중요하다
특히, 이책에서 논의하고 있는 사람이 나이를 먹어도 자신의 아름다움과 외모적인 변화에 대해선 항상 신경을 쓰는 내재적 자아 성취가 필요하다
그리고, 인간이란 객관적인 자아와 주관적인 자아가 있다.
객관적인 자아는 타인이 자기를 보는게 객관적인 자아이다.
이 객관적인 자아는 자신이 타인에게 어떻게 비추어지느냐 이다.
이것은 나이가 먹어도 시간이 가도 관심과 흥미를 가지며 자기의 삶을 외적인 뷰티를 통해 그 뷰티의 충족성과 자신의 행복한 삶을 위하여 내부적인 충족과 객관적인 자아를 의미있게 읽을 필요가 있다고 생각하여 이 책을 추천합니다.

추천사

✦

이 현 우

가수, 배우, 라디오DJ

아름다움과 멋짐에 대한 새로운 해석과 시선이 참 신선하다
이 책은 단순히 겉모습의 변화를 이야기하는 것이 아니라 나 자신을 다시 바라보게 만드는 섬세한 여정을 담고 있다.

추천사

✦

정 나 온

배우

시간이 선물한 성숙과 깊이에 대한 작가의 통찰에 깊이 공감합니다.
대중의 시선 속에서 살아온 사람으로서,
진정한 아름다움은 나이를 초월한 자기 존중과 내면의 단단함에서 비롯된다는 것을 느낍니다.
이 책이 그런 아름다움을 일깨워주어
많은 분들이 품격 있는 뉴시니어로 성장하는 데 따뜻한 영감이 되리라 믿습니다.

추천사

김미행

예술학 박사

“나이 50이 넘어서야 내가 예쁜 걸 알았다”라는 문장은 단순한 자기 고백을 넘어서, 삶의 새로운 출발을 의미합니다. ‘○○ 엄마, 아빠’라는 역할에서 벗어나 한 사람의 ‘○○○’으로서 자신만의 아름다움과 가치를 발견하는 과정은 모든 장년층에게 용기와 희망을 줍니다.

이 책은 뷰티 이미지를 단순한 외모나 유행 이상으로 다양한 요소로 바라봅니다. 더 나아가 개인 개개인이 가진 고유의 매력 포인트를 찾아내어, 자신만의 특별한 아름다움을 재발견하도록 돕는다는 점에서 큰 의미가 있습니다. 누구에게나 내면과 외면에 숨겨진 미적 요소가 충분히 존재하며, 이를 깨닫고 자신감을 회복하는 과정에 이 책이 든든한 이정표가 되어줄 것입니다.

예술학 박사로서, 저는 이 책이 단순한 뷰티 가이드가 아니라 ‘자아를 찾고 사랑하는 법’을 전하는 소중한 메시지임을 확신합니다. 모두가 자신의 이름으로 당당하고 아름답게 살아가길 진심으로 응원합니다.

머리글

시간은 나를 빼앗는 대신, 나를 돌려준다

젊은 날에는 시간이 무자비한 도둑처럼 느껴졌다. 피부의 탄력을 앗아가고, 머리카락을 희게 만들며, 거울 속 나를 낯설게 바꾸는 도둑 말이다. 그러나 오십이 넘은 지금, 나는 그것이 틀렸음을 안다. 시간은 빼앗기만 한 것이 아니었다. 나에게 성숙과 깊이를 돌려주었다. 이제 나는 더 이상 외모만으로 나를 규정하지 않는다. 살아온 이야기가 얼굴에 새겨져 있고, 그 이야기가 나를 빛나게 한다는 것을 깨달았기 때문이다.

타인의 시선에서 나의 시선으로

스무 살, 서른 살, 마흔 살까지 나는 늘 타인의 시선 속에서 살았다. "저 사람은 나를 어떻게 볼까?"라는 질문이 나의 기준이었다. 그러나 오십이 넘자, 그 질문이 힘을 잃었다. 남의 시선은 변덕스럽고 쉽게 사라지지만, 나의 시선은 평생 나를 따라다니기 때문이다. 내가 나를 어떻게 바라보느냐가 삶의 품격을 결정한다. 나를 존중하는 눈으로 나를 바라보기 시작했을 때, 비로소 나는 내가 예쁘다는 사실을 알게 되었다.

불완전함이 아름다움이 되다

주름진 얼굴, 늘어진 선, 예전과는 다른 몸. 이 변화 앞에서 많은 사람이 두려움을 느낀다. 그러나 나는 오십 이후에야 알았다. 완벽함은 순간의 빛에 불과하지만, 불완전함은 인생의 깊이를 품고 있다는 것을. 젊음은 날카로운 빛처럼 눈 부시지만, 나이 든 아름다움은 촛불처럼 은은하다. 주름은 내가 걸어온 길을 증명하는 지도이며, 그 속에서 삶의 온기가 묻어난다. 연예인, 명사 그리고 평범한 이들의 얼굴에서도 나는 보았다. 오십 이후의 아름다움은 가식 없는 얼굴이라는 것을.

나를 발견하는 기쁨

나이 들어간다는 것은 단순히 늙어가는 과정이 아니다. 미처 알지 못했던 나를 발견하는 여정이다. 잊고 지냈던 취미를 다시 꺼내거나, 새로운 배움 앞에 설 때, 우리는 내 안의 또 다른 가능성을 만난다. 그것은 마치 긴 여행 끝에 돌아온 집에서 새로운 창문을 여는 기분과 같다. 젊을 때의 나는 늘 바쁘고 서둘렀지만, 지금은 천천히 음미하며 즐길 수 있다. 자기 자신을 발견하는 이 기쁨은 젊음보다 더 강한 활력을 가져다준다. 고통은 찐한 친구를 선물했다. 묻지도 따지지도 않는 영원한 친구, 바로 '내 안의 나'와 친구가 되었다.

예쁘게 산다는 것의 의미

"예쁘다"는 말은 단지 외모를 꾸미는 표현이 아니다. 그것은 삶의 태도에 대한 선언이다. 내가 나를 존중하고, 삶을 사랑하며, 매 순간을 감사하게 살아갈 때, 그 자체가 예쁨이 된다. 오십이 넘어서야 나는 이 단순한 진리를 깨달았다. 예쁨은 거울 속에만 드러나는 것이 아니라, 내 목소리의 온도, 나의 걸음걸이, 타인을 향한 배려 속에서도 드러난다. 결국 예쁘게 산다는 것은 나를 있는 그대로 사랑하고, 그 사랑을 세상과 나누는 일이다.

"이제 나는 이렇게 고백한다."

50이 넘어서야 내가 예쁜 걸 알았다.
그리고 그 예쁨은 늦게 오는 것이 아니라, 오히려 가장 알맞은 순간에 도착한 선물이었다.

당신이 원하는 뉴시니어는 어떤 모습인가?
혹시 50세 이하라면, 잠시 미래의 당신을 그려보자

푸른 잔디 위에서 짧은 치마를 입고 골프를 즐기는 시니어
헬스장에서 당당히 래깅스나 반반지를 입고 울퉁불통 근육을 뽐내는 시니어
발레복을 차려입고 우아하게 무대를 밟는 시니어
수영장에서 비키니를 입고 자신감 넘치게 물결을 가르는 시니어
멋진 헬멧과 선글라스를 쓰고 바람을 가르며 달리는 자전거 시니어
가죽 재킷과 헬멧을 쓰고 할리데이비슨을 타는 시니어까지

모두 다를 수 있지만, 이 중 한 가지쯤은 당신의 모습일지 모른다. 하지만 만약, 한 가지도 자신의 모습과 관련되지 않는다면, 지금이 시작할 때다.
문화센터의 원데이 클래스라도 당장 경험해보라.
좋아하는 취미는 당신을 충분히 매력적으로 만든다.
열정은 활력이 되고, 활력은 자연스레 섹시함으로 번져 행복 호르몬을 끊임없이 솟아나게 한다.

일본의 정신과 의사이자 노화 연구 전문가는 40여 년간 노화 메커니즘과 젊음을 유지하는 방법을 연구해 왔다. 그는 '섭생' 뿐 아니라 액세서리와 패션, 시계, 자동차 같은 생활 속 물건들이 외모 나이를 결정한다고 말한다.
또한 다양한 인간관계, 특히 이성과의 소통이 중요하다고 강조한다. 동성 간의 대화가 때로는 험담으로 흐르기 쉽다면, 이성과의 대화는 편안함을 주고 성호르몬 분비를 촉진해 노화를 늦출 수 있다는 것이다.

오늘날은 조선시대와 달리, 누구나 자기관리를 통해 젊음과 매력을 유지할 수 있다. 전 세계적으로 '외모 나이'는 실제 자신의 나이보다 10년 이상 젊어지는 흐름으로 자리 잡았다. 케이트 블란쳇, 제니퍼 애니스톤, 최화정, 엄정화, 박준금, 김희선 등 수많은 배우들이 이를 증명한다. 과거 같으면 '노인'이라 불렸을 나이에, 이제는 당당히 많은 이들의 워너비이자 롤모델로 자리 잡은 것이다.

나는 스타일리스트로서 28년 동안 광고와 드라마, 카탈로그,

패션쇼, 방송국을 넘나들며 수많은 연예인과 국회의원, 명사, 그리고 평범한 사람들과 함께해왔다. 메이크업과 헤어, 의상과 소품을 통해 그들의 아름다움을 완성하는 일은, 나에게 '뉴시니어의 아름다움'을 연구할 수 있는 밑거름이 되었다.

이제 나는 뷰이컨(뷰티 이미지 컨설턴트, Beauty Image Consultant)이라는 새로운 타이틀로 또 다른 길을 걷는다. 갱년기와 정년 이후, 많은 이들이 정방향의 삶에서 잠시 멈추지만, 나는 그 반대편에서 새로운 가능성을 누려보길 권한다.

이 책을 통해 당신이 다시 열정을 발견하고, 매력적인 뉴시니어로 거듭나길 바란다.

CHAPTER

01

50부터는 매력이 전부다 24

매력 없는 사람들의 공통점 24
거울을 자주 보는 사람이 매력적이다 26
1일 2회 셀프톡으로 최고의 베프를 만난다 30
의욕 저하를 막는 K-뷰티 시니어들의 비밀 31
"○○ 엄마"에서 졸업하라 35
조금 이기적인 당신이 되어야 한다 36
방송국에서 만난 멋쟁이 연예인들 38
뷰티전문가의 컨설팅은 당신을 바꾸는 지름길이다 40
50부터 생각을 바꿔야 20년 젊어진다 41
나이보다 들어 보이는 걸음걸이 44
항상 생각만 하고 실천하지 않는 사람은 매력이 없다 47
당신만의 가치와 철학을 만들자 49
숨은 그림 찾기가 아닌 숨은 매력 찾기 51
나이 들수록 새옷을 사자 54
모임이 하나도 없는 사람과 많은 사람과의 차이 56

CHAPTER
02

50대부터는 화장할수록 젊어진다 62

동갑인데도 더 나이 들어 보이는 사람들의 공통점 63
당신의 얼굴에는 스토리가 있다 65
아침 미지근한 물 한 잔은 젊음을 만든다 67
연예인이 동안인 이유 68
당신도 젊어질 수 있다 72
화장은 나를 세상 밖으로 이끄는 힘 73
화장품 지출이 높아질수록 피부 탄력도 올라간다 77
연예인이 사랑하는 메이크업 아이템 80
트렌드 메이크업과 MZ세대 친구는 덤 82
잡티는 최대한 빨리 제거할수록 20년 젊어진다 83
여자보다 남자가 더 예쁜 시대 87

CHAPTER

03

50세부터는 헤어스타일로 20년 젊어진다 92

얼굴의 V라인을 위한 두피 관리 92
페이스라인을 활용한 동안 스타일 94
전문가의 도움을 받자 97
헤어스타일링은 비인어적 감정 표현이다 100
좋은 샴푸와 제품을 선택하자 102
좋은 빗으로 빗질을 자주하자 105
두상을 알면 스타일링의 절반은 끝난다 107
당신의 베스트 헤어 컬러를 찾자 109

나이 50이 넘어서야
내가 예쁜 걸 알았다

CHAPTER
04

50세부터는 패피(패션피플)가 되면 젊어진다 114

집에서도 예쁜 옷을 입자 114
건강할 때 나에게 더 관대하기 116
명품이 때로는 당신의 품격을 만든다 119
옷은 당신을 춤추게 한다 121
워킹만 잘해도 당신의 품격이 만들어진다 123
옷은 당신을 위한 요술봉 125
신발은 당신의 품격이다 127
당신의 계절을 찾으면 패션이 완성된다 128
당신의 마음과 자세를 성장시키는 스타일 132
손톱에 컬러를 입히자 134

CHAPTER

05

50대에 30대로 보이는 뷰티이미지 140

허리를 펴자 140

목소리 온도에 따라 품격이 올라간다 142

트렌드 언어 배우기 말은 세대를 잇는 패션이다 145

MZ 세대들이 듣기 꺼리는 시니어의 '워스트 키워드' 147

방송 드라마, 쇼프로에서 당신의 이야기를 하고 있다 151

남의 이야기가 아니다 153

자세가 명품인 사람과 그 반대인 사람 155

목소리도 명품이 있다 157

당신의 얼굴 탄력은 나이 숫자만큼 회복력이 걸린다 161

50대부터 부지런해져야 젊게 산다 163

타인을 위한 배려심은 20년 젊게 살 수 있다 166

취미가 없는 사람과 취미가 있는 사람의 차이점 168

비언어적 행동으로 당신을 더욱 빛나게 하는 방법 172

공감을 잘 하는 사람들의 공통점 175

맛있게 먹는 모습이 건강하고 예쁘다 177

나이 50이 넘어서야
내가 예쁜 걸 알았다

CHAPTER
06

50대의 아름다운 여정 182

나의 내적 아름다움을 만들어준 친구들... 182
외적 아름다움은 건강수명도 길게한다 183
50대, 60대의 당신이 듣고 싶은 첫인사 185
당신의 외적 아름다움을 위해 험담과 뒷담화는 손절하자 188
방송국 분장실에서 만난 섹시한 시니어들 191
거울을 자주 보는 사람이 동안이다 194
시니어 모델은 남의 이야기가 아니다 197
이성 친구와 많이 놀자 198
심장을 다시 뛰게 하자 200
의욕을 만드는 방법 - 외모부터 꾸미자 202
mz와 1일 공감 친구하기 - 성수동에서 배우는 트렌드 205
노화를 공감하면 아름다운 시니어가 된다 208
실행은 답이다 - 삶을 움직이는 작은 발걸음 211

CHAPTER 01

50부터는 매력이 전부다

CHAPTER 01

50부터는 매력이 전부다

매력 없는 사람들의 공통점

"안녕하세요, ○○○ 가수님. 뵙게 되어 정말 반갑습니다. 노래 잘 듣고 있습니다."
간단히 인사를 나눈 뒤 원하는 스타일을 확인하고, 이른 아침부터 ○방송국 분장실에서 메이크업과 헤어 준비에 분주하게 움직였다. 정해진 녹화 시간에 맞춰 모든 걸 끝내야 했기 때문이다.

그런데 거울에 비친 ○○○ 가수의 표정은 목소리와는 달리 불편해 보였다. "무슨 일이 있으신가요?"라고 묻고 싶었지만, 내 마음을 읽은 듯 먼저 말을 건넸다. "혹시 사전에 제 스타일 정보를 확인하셨나요?" 그 말에 순간 가슴이 철렁 내려앉았다.

거울 속의 그녀는 나와 비슷한 또래였지만, 실제보다 다섯 살 이상은 들어 보였다. '갱년기 때문일까, 아니면 원래 성격일까?' 나는 당황스러움과 궁금증이 동시에 일었다. 사실 50대라면 갱년기로 인한 여러 불편함이 있다. 하지만 그렇다고 해서 자신의 매력을 포기할 이유는 없다.

50 이후에는 스스로의 매력을 의식적으로 가꿔야 한다. 그렇지 않으면 마음과 몸 모두 쉽게 늙어간다. 매력을 지탱하는 힘은 외모가 아니라 태도다. 마음의 여유와 타인을 향한 배려는 곧 우리를 빛나게 한다. 남을 위해 건넨 작은 친절이 결국 자신을 행복하게 돌려주듯, 배려는 가장 강력한 매력이 된다

다행히 나는 오랜 경력에서 얻은 눈치와 경험으로 그 여가수의 마음을 진정시킬 수 있었다. 담당 PD의 잘못된 정보 전달로 생긴 오해였지만, 매끄럽게 해결해 낸 순간만큼은 내 커리어에서 기억할 만한 사례가 되었다. 물론, 개인적으로는 아쉬움이 남았다. 그녀를 그렇게 만나지 않았다면, 여전히 내게 매력적인 가수로 남았을 것이기 때문이다.

방송은 종합예술이다. 하나의 프로그램을 위해 수많은 스테프들의 호흡과 노고가 필요하다. 그런데 개인의 감정으로 주변을 불편하게 하는 이들이 있다. 이런 배려심 부족이야말로 매력이 없는 사람들의 공통된 특징이다.

나는 방송국에서 보낸 28년 동안 배려가 곧 매력이라는 사실

을 배웠다. 배우나 출연자의 표정, 걸음걸이, 목소리만으로도 그 사람의 품격이 느껴진다. 특히 50대 이상의 셀럽들 중 배려심이 깊은 이들은 좋은 에너지를 발산했고, 그 뒤에는 누구나 공감할 만한 슬픈 사연 하나쯤이 있었다.

20대 시절 혼성 그룹으로 활동했던 한 여가수는 젊을 때부터 카리스마와 매력이 넘쳤다. 그리고 60대 중반에 이른 지금도 여전히 품위 있는 목소리와 행동, 표정으로 주위를 빛나게 한다. 이것이야말로 매력적인 사람들의 공통된 모습이다.

이제, 당신 차례다. 당신만의 매력을 찾아보는 건 어떨까?
젊음은 지나가도 매력은 나이와 함께 깊어진다. 오늘 하루, 자신을 조금 더 사랑하는 선택은 당신을 더 빛나게 할 것이다.

거울을 자주 보는 사람이 매력적이다

"당신은 하루에 거울을 몇 번이나 보는가?"

거울 속 얼굴은 하루하루 조금씩 달라지고, 나는 그 변화를 세심하게 살펴본다.
그러다 문득 스스로에게 묻는다.
"나의 매력은 무엇일까?"
그 대답은 의외로 단순하다. 그저 나답게 사는 것.
눈, 코, 입이 정확히 줄자처럼 맞춰진 얼굴이 과연 '나다움'을 담아낼 수 있을까?

오히려 자연스러운 모습 그대로가 진짜 매력이라는 것을 깨닫기까지는 오랜 시간이 걸렸다. 그 과정은 콤플렉스와의 싸움이기도 했다.

거울을 자주 보는 사람들은 대체로 자기애와 더불어 외적 이미지에 관심이 많다. 그만큼 사회적 활동이나 인간관계에서도 자신감을 드러내며, 성공한 이들의 공통점이 되기도 한다. 성공한 사람일수록 머리부터 발끝까지 자신만의 스타일과 루틴, 그리고 철학을 갖추고 있다.

반대로, "거울 볼 시간도 없다"며 선크림조차 바르지 않는 사람들이 있다. 그러다 어느 날 거울 속 잡티를 발견하는 순간, 다급한 마음이 밀려오곤 한다. 피부 관리에는 많은 방법이 있겠지만, 기본은 단순하다. 수분감 있는 에센스 성분이 함유된 선크림을 기초 화장품 뒤에 바르는 것. 노화가 가장 싫어하는 적이 바로 자외선이기 때문이다.

우리가 노력으로 예방할 수 있는 노화는 미룰 이유가 없다. 치과와 피부과 관리 또한 마찬가지다. 자주 관리하면 작은 비용과 노력으로 충분하지만, 미루면 두 배 이상의 비용과 고생으로 돌아온다. 지금 거울을 보아 잡티가 두 개 이상 보인다면, 독서를 멈추고 피부과를 찾아가길 권한다. 연예인들은 확실히 일반인과는 다르다. 얼굴의 골격과 어우러지는 독특한 아우라가 있고, 피부는 백옥처럼 빛나며 수분감이 가득하다. 치아 또한 하얗고 가지런하다. 그래서 흔히 "연예인은 사람이 아니다"라는 말까지 나온다. 하지만 그들의 모습은 타고난 유전적 요인뿐만 아니라, 끊임없는 관리와 노력의 결과이기도 하다.

2010년, 한 광고 촬영 현장에서 배우 송중기 씨를 만났다. 당시 그는 드라마 <성균관 스캔들>로 주목받고 있었는데, 실제로 마주한 그는 화면보다 더 눈부시게 매력적이었다. 인품까지 겸비한 그의 모습은 지금도 내 기억 속에 선명하다. 인상 깊었던 점은, 배우들이 끊임없이 거울을 확인한다는 사실이었다. 촬영장의 스태프들은 늘 손거울을 준비해 두고, 배우가 원하면 곧바로 건넬 수 있도록 한다. 이는 단순한 습관이 아니라 하나의 철저한 자기관리 루틴이다. 거울을 자주 보는 것은 허영이 아니라 자신을 점검하는 태도다. 얼굴 표정과 피부 상태, 헤어와 스타일을 반복적으로 확인하는 과정에서 작은 변화를 즉시 알아차릴 수 있다. 이런 세심한 관리가 쌓여 외모 나이를 실제보다 젊게 보이게 만든다.

결국 거울은 누구나 사용할 수 있는 가장 간단하고 강력한 자기관리 도구다. 하루에 몇 번 거울을 보느냐가 당신의 외모 나이를 결정할 수 있다면, 지금 당장 거울을 가까이 두지 않을 이유가 없다.

거울을 자주 보는 사람은 건강하고 젊게 산다. 이유는 단순하다. 거울을 통해 얼굴과 몸을 세심히 살펴야, 내 몸이 보내는 작은 신호들을 가장 먼저 알아차릴 수 있기 때문이다. 거울은 단지 아름다움을 확인하는 도구가 아니라, 건강을 지키는 생활 습관이다.
우리는 종종 지인의 말을 통해서야 자신의 상태를 깨닫는다.

"오늘 안색이 왜 그래? 못 잤어?"
"다크서클이 심하네. 간이 피곤한 거 아냐?"

이처럼 다른 사람의 눈에 먼저 보이는 변화를 이제는 스스로 거울을 통해 확인해야 한다. 자기 몸의 메시지를 읽어내고 바로 대처할 수 있다면, 그것이 곧 건강을 지키는 첫걸음이다. 특히 60세 이후에는 작은 습관의 차이가 선순환과 악순환을 갈라놓는다. 의욕과 활력은 외모와 불가분의 관계에 있으며, 외모의 변화는 노력에 크게 달려 있다. 연예인들이 젊음을 유지하는 비결 또한 철저한 자기관리와 자신만의 철학에 있다. 당신도 거울을 통해 자신만의 가치와 철학을 세워가길 바란다. 거울은 당신을 찾아주는 가장 단순하면서도 확실한 도구다.

1일 2회 셀프톡으로 최고의 베프를 만난다

"당신과 가장 친한 친구는 누구입니까?"

이 질문을 받으면 대부분은 몇몇 친구들의 얼굴을 떠올린다. 그러나 정작 중요한 사실 하나를 놓친다. 바로 당신 곁의 베프는 언제나 '나 자신'이라는 것. 우리는 늘 누군가 곁에 있어야 외롭지 않다고 생각하지만, 사실 당신은 한 번도 혼자가 아니었다. 하루에 두 번이라도 거울 앞에서 스스로와 대화해보라. 그 순간, 당신은 누구보다 든든한 친구를 만나게 될 것이다.

누구보다 나를 잘 알고, 조건 없이 곁을 지켜주는 공범 같은 존재가 바로 '나 자신'이다. 아프면 함께 아프고, 웃으면 함께 웃는 것도 결국은 나다. 부모도, 친구도, 배우자도 대신 아파줄 수는 없다. 그들은 곁에서 묵묵히 지지하고 도와줄 수 있을 뿐이다. 결국 스스로 일어서는 힘이 필요하다. 그래야만 가족과 지인들의 사랑에 보답할 수 있고, 진정으로 든든한 존재로 설 수 있다.

나 스스로 극복하고, 나를 위로하며, 나를 사랑할 줄 알아야 한다. 내가 행복해야 가족도 존재하고, 건강한 사회도 가능하다. 모든 행복은 결국 '나'로부터 시작된다. 이를 위해서는 마음의 근육을 단련해야 한다. 마음 근육은 뇌와 몸을 조율하며, 의욕이 쉽게 사라지지 않도록 붙잡아 준다. 이 근육은 단순히 훈련으로만 만들어지지 않는다. 누구나 겪는 노화 과정 속에서 찾아오는 고통과 기쁨, 그 다양한 경험을 통해 차츰 단단해진다. 지금 이 순간에도 당신의 마음 근육은 형성되고 있다. 그렇다면 어떻게 단련할 수 있을까? 하루 두 번, 거울 앞에서 나와 대화하는 셀프톡을 실천해보라. 그 작은 습관만으로도 마음과 몸은 한결 편안해지고, 삶은 조금 더 단단해질 것이다.

언젠가 한 배우도 자신과의 셀프톡을 시작하게 된 계기를 털어놓은 적이 있다. 정규직이 아닌 연예인의 삶은 늘 불안정하다. 규칙적인 수입이 보장되지 않으니, 나이가 들어갈수록 막막함이 커졌다고 한다. 그래서 그는 스스로를 지키기 위해 거울 앞에서 이렇게 속삭였다고 한다.

“나는 괜찮아. 다 잘 될 거야. 걱정하지 마.”

겉으로는 화려해 보이지만, 무대 뒤의 삶은 백조가 물밑에서 필사적으로 발을 움직이는 모습과도 같다. 사실 이런 고통과 불안은 연예인만의 문제가 아니다. 우리 모두 각자의 자리에서 삶의 무게를 견디며 살아간다. 그렇기에 스스로 돌보는 노력이 무엇보다 중요한 시대다. 셀프톡은 당신 삶의 안정제와 같다.

이제, 거울 속 최고의 베프를 만나보라.

의욕 저하를 막는 K-뷰티 시니어들의 비밀

의욕이 떨어지지 않도록, 요즘 K-시니어들은 외적 변화를 통해 스스로를 새롭게 만들어가고 있다. 50대는 여전히 바쁜 시기이지만, 동시에 자신만의 워너비를 정하고 그것을 삶에 반영하는 세대다.
나 역시 내 워너비를 정했다. 바로 배우 박준○이다. 패션을 당당하게 즐기면서도 귀엽고 사랑스러운 모습이 보기만 해도 기분을 밝게 만든다. 아마도 늘 진중하게만 살아온 내게, 그녀의 당당한 태도가 더 크게 다가왔던 것 같다. 백화점 골프 동호회에서 만난 연정 언니 역시 그런 워너비 중 한 사람이다. 그녀는 전업주부이지만 늘 10cm 힐과 오피스룩을 즐겨 입는다. 마치 회사 임원이나 CEO처럼 당당한 모습이다. "직장도 다니지 않는데 불편하지 않냐"는 질문에, 그녀는 미소 지으며 말했다.

"난 젊음을 즐기고 싶어. 나이에 주눅 들지 않고 걸을 수 있을 때 많이 걷고, 근육도 키우고, 나름의 즐거움을 누려야지."
그 말을 듣는 순간, 나는 확신했다. 현재 K-시니어들은 분명히 변하고 있다. 단순히 나이를 받아들이는 것이 아니라, 젊음을 자신만의 방식으로 재창조하고 있었다.

시니어들이 젊음을 지키기 위한 노력은 이제 훨씬 더 다양해졌다. 미용 성형과 기능성 화장품, 최신 뷰티 디바이스 제품까지 이 모든 것은 단순한 치장이 아니라, 스스로 삶을 풍요롭게 하겠다는 가치와 철학의 표현이다. 이제 시니어는 더 이상 '노인'이라는 단어와 어울리지 않는다. 그들은 적극적으로 자기 관리를 실천하며, 새로운 시대의 K-시니어로 자리매김하고 있다. 덕분에 병원과 문화센터, 스포츠센터의 역할은 점점 더 중요해지고 있다. 오늘날 시니어들은 외모와 건강을 위해 아낌없이 투자한다. 그 이유는 단순하다. 수분감과 회복력이 살아 있는 젊은 시기를 조금이라도 오래 유지해야 노화를 지연시킬 수 있기 때문이다. 특히 노화의 속도는 70세 이후 급격히 빨라진다. 나이와 함께 가속도가 붙는 셈이다. 따라서 50대에 '일정한 속도 구간'을 만들어 두는 것이 중요하다. 지금부터 자기관리를 통해 20년의 젊음을 유지한다면, 70세 이후의 삶은 훨씬 더 건강하고 매력적으로 이어질 수 있다.

외적 모습을 가꾸면 마음도 젊어진다. 단순히 웃는 것만으로도 행복 호르몬이 분비되어 면역력이 강화되는데, 변화된 외적 매력은 그 효과를 한층 더 높여준다. 이것은 마치 집을 아름답게 리모델링하는 것과 같다. 과거의 '노인'이라는 이미지와 다르게, 현대의 시니어들은 자신의 나이보다 평균 10년은 어려 보인다. 여기에 꾸준한 자기관리를 더하면, 20년 젊어진 건강한 삶도 충분히 가능하다. 이러한 노력은 유튜브, 숏츠, 인스타그램 등 다양한 플랫폼에서도 확인할 수 있다. 많은 시니어들이 자신의 변화를 공유하며 새로운 롤모델이 되고 있다.

이제 무엇보다 중요한 것은 호르몬 불균형으로 인한 노화 현상을 지혜롭게 관리하고 극복하는 일이다. "이젠 나이 들어서 못해…", "이 나이에 뭘 하겠어…", "귀찮아, 그냥 이 정도면 됐지" 이런 말들이 습관처럼 나오기 시작하면, 그것이야말로 급속 노화의 지름길이다.

실제로 의욕을 잃은 사람들의 외적 모습에는 공통점이 있다. 선크림은커녕 화장기 없는 칙칙한 얼굴에, 피부는 건조해 잔주름이 도드라지고, 헤어는 손질이 되지 않아 푸석하게 흩어져 있다. 그 모습은 단순히 '멋을 내려놓음'을 넘어, 자신의 삶까지 방치한 듯한 인상을 준다.

그러나 다행인 것은, 작은 관리만으로도 얼마든지 달라질 수 있다는 점이다. 매일 아침 선크림을 바르는 습관과 충분한 수분 섭취, 머리를 단정히 손질하는 것만으로도 인상은 크게 달라진다. 화려한 장식이나 값비싼 명품이 없어도, 깨끗하게 정리된 피부와 헤어, 그리고 자신감 있는 미소는 어떤 나이에도 가장 큰 매력이 된다.

그래서 50세 이후의 자기 관리는 더욱 중요하다. 이 시기는 단순히 외모만의 문제가 아니라, 건강과 자신감, 나아가 삶의 태도 전체와 연결되어 있다. 조금만 게을러져도 노화의 속도는 눈에 띄게 빨라지고, 반대로 작은 습관 하나만 지켜도 1~20년은 젊게 살 수 있다. 사실, 50세 이후의 관리라는 것이 거창한 것은 아니다. 규칙적인 생활과 꾸준한 운동, 기본적인 피부 관리, 그리고 나를 존중하는 마음가짐만 일상이 되면 된다. 이 단순한 루틴이 쌓이면, 당신을 더욱 젊고 매력적인 사람으로 변화될 것이다. 결국 자기 관리는 나이를 거스르는 비밀이 아니라, 나답게 오래 살아가기 위한 최소한의 약속이다.

이처럼 50대부터 시작한 작은 루틴은 일시적인 변화로 끝나지 않는다. 꾸준히 이어가면 80대, 90대가 되어서도 젊음과 건강을 지켜주는 강력한 비법이 된다. 매일의 선크림과 가벼운 운동, 충분한 수분 섭취와 마음을 단단히 하는 셀프톡. 겉보기에는 사소한 습관이지만, 세월이 쌓일수록 그 차이는 압도적이다. 동년배보다 훨씬 활력 있고 동안으로 살아가는 사람들의 비밀은 거창한 것이 아니라, 바로 이 단순한 루틴을 지켜낸 데 있다. 결국 자기관리란, 젊음을 붙잡는 일이 아니라, 마지막 순간까지 나답게 살아가기 위한 가장 확실한 준비다.

"○○ 엄마"에서 졸업하라

우리는 오랫동안 '누구 엄마', '누구 아빠'라는 이름으로 살아왔다. 아이의 이름이 곧 나의 이름이었고, 하루는 가족의 스케줄에 맞춰 흘러갔다.

하지만 50대부터는 다르다. 이제는 그 이름표를 내려놓고, '나'라는 본래의 정체성을 회복해야 한다. 매력은 타고나는 것이 아니다. 내가 좋아하는 일을 찾아 즐길 때 비로소 생겨난다. 하루 30분이라도 나만의 시간을 확보하라. 배우고, 시도하고, 도전하라. 작은 습관 하나가 당신을 다시 빛나게 만들고, 나답게 살아가는 원동력이 된다.

정희 씨(54)는 평생 가족 사진만 찍다가, 50대에 들어 처음으로 '나만의 사진'을 남기기 시작했다. 스마트폰 강좌를 듣고, 셀프 사진관을 예약하고, 여행지에서 셀카를 찍었다. 처음에는 어색했지만, 시간이 지날수록 표정이 자연스러워졌다. 어느 날부터 친구들이 말했다.
"너, 요즘 표정이 환해졌어."

사진 속 자신의 모습을 보며 정희 씨는 깨달았다.

"나는 여전히 매력적인 사람이고, 앞으로도 나를 더 사랑할 수 있다."

50대의 매력은 젊음을 되찾는 데 있지 않다. 나만의 색깔을 되찾는 것에서 시작된다. 그러기 위해서는 가족의 이름이 아닌, 당신 자신의 이름으로 다시 시작해야 한다. 이제는 당신 차례다. 당신을 지지하라. 그것이 가장 확실한 자기 관리다.

조금 이기적인 당신이 되어야 한다

50대 이후의 삶에서 가장 큰 적은 '나 자신을 뒤로 미루는 습관'이다. 우리는 오랫동안 가족을 위해, 직장을 위해, 공동체를 위해 살아왔다. 그러나 이제는 조금 이기적인 사람이 될 필요가 있다. 왜냐하면 나를 위해 쓰는 시간과 에너지가 바로 젊음을 20년 더 연장하는 힘이 되기 때문이다. 가족을 돌보는 것도 중요하지만, 그보다 먼저 내 삶을 존중하는 태도가 필요하다. '내가 하고 싶은 일, 내가 즐거운 시간'을 확보하는 것은 이기적인 것이 아니다. 오히려 그것이야말로 가족과 세상에 더 건강하게 기여할 수 있는 길이다.

이를 위해서는 "나를 소중히 하는 것이 곧 다른 이들을 지키는 것"이라는 새로운 가치관이 필요하다. 젊음은 나이와 무관하다. 피부의 탄력에서 나오는 것이 아니라, 호기심과 열정에서 시작된다. 50대의 젊음은 새로움을 두려워하지 않는 태도다. 하루에 단 한 가지라도 새로운 것을 배우고, 새로운 사람을 만나고, 새로운 길을 걸어보라. 그 작은 선택이 쌓여, 당신의 인생을 20년 더 젊게 연장하는 가장 강력한 철학이 된다.

조금 이기적으로 살아가는 방법은 네 가지로 정리된다.

1. 시간 이기주의

하루 1시간은 반드시 '나만의 시간'으로 예약하라. 독서, 운동, 취미 중 무엇이든 좋다.

2. 건강 이기주의

체력은 곧 자유다. 운동과 식습관을 남의 눈치가 아니라, 나의 즐거움으로 관리하라.

3. 배움 이기주의

나이와 상관없이 새로운 기술, 취미, 언어를 배우며 뇌와 감각을 자극하라.

4. 관계 이기주의

에너지를 빼앗는 사람과는 거리를 두고, 나를 응원하는 관계를 선택하라.

조금 이기적인 당신이 될 때, 삶은 다시 활기를 얻는다. 50대 이후의 젊음은 주어지는 것이 아니라, 내가 선택해 지켜내는 결과다. 그리고 그 선택이 당신의 시간을 20년 더 빛나게 할 것이다.

방송국에서 만난 멋쟁이 연예인들

방송국에서 만난 60대, 70대 연예인 시니어들은 언제나 나를 놀라게 했다. 나이와는 상관없이 활기가 넘쳤고, 무대 위에서 빛나는 모습은 너무도 자연스러웠다. 그때 나는 분명한 사실을 깨달았다. 젊음은 피부의 나이가 아니라 태도에서 비롯된다는 것. 꾸준한 자기관리와 무대에 대한 열정이 그들을 나이보다 훨씬 젊게 빛나게 하고 있었다. 나는 스타일리스트로서 그들의 외모를 다듬었지만, 그들이 진정으로 빛날 수 있었던 이유는 바로 인생을 젊게 살아가는 태도 덕분이었다.

사례 1. 꾸준함의 힘 - 매일의 루틴

한 원로 배우는 촬영 시간이 오전 6시여도 늘 새벽 4시에 일어나 스트레칭과 명상을 한다고 했다. 그는 말했다.

“몸을 먼저 깨워야 얼굴도 살아난다.”

실제로 그의 피부와 표정은 젊은 배우 못지않게 생기 있었다.

▶ 일반 시니어들도 작은 루틴 간단한 운동이나 명상을 습관화한다면, 얼굴빛과 에너지가 놀랍도록 달라질 수 있다.

사례 2. 자기관리의 철학 – 미소와 자신감

또 다른 70대 여성 연예인은 늘 이렇게 말했다.

"립스틱은 나의 자신감이야. 오늘도 무대에 오르는 배우라고 생각해."

그분은 단 한 번도 화장기 없는 얼굴로 무대에 서지 않았다. 단정한 머리, 환한 미소, 작은 액세서리 하나만으로도 늘 '현역 배우'처럼 보였다.

▶ 일반 시니어들도 하루의 작은 꾸밈과 표정 관리만으로 젊음을 유지할 수 있다.

사례 3. 배움의 자세 – 늘 새로운 도전을 즐기기

한 가수 출신 시니어는 대기실에서 늘 새로운 노래를 흥얼거리며 발음을 연습했다. 그는 웃으며 말했다.

"젊은 가수들이 따라오기 전에 내가 먼저 배워야지."

그 열정 덕분에 그는 세대가 다른 팬들과도 소통할 수 있었다.

▶ 새로운 기술·취미·트렌드를 받아들이는 태도가 곧 젊음을 10년, 20년 연장시킨다.

방송국에서 만난 연예인 시니어들은 '특별한 유전자'를 가진 사람들이 아니었다. 그저 스스로를 가꾸고, 즐겁게 살기 위해 조금 더 이기적으로 자기 시간을 챙겼을 뿐이다. 이것은 일반 시니어들에게도 충분히 가능하다. 작은 루틴 운동과 단정한 외모와 표정 관리, 그리고 새로운 배움에 대한 열린 태도. 이 세 가지만 실천해도 누구나 무대 위 연예인처럼 당당하고 매력적인 50대, 60대가 될 수 있다.

뷰티전문가의 컨설팅은 당신을 바꾸는 지름길이다

나이가 들수록 "꾸미는 건 사치야"라는 생각을 하기 쉽다. 하지만 방송국에서 만난 시니어 연예인들은 정반대였다. 그들은 꾸밈을 통해 더 젊어지고, 더 당당해졌다.

뷰티 전문가의 컨설팅은 단순히 얼굴을 화사하게 만드는 기술이 아니다. 당신 안에 숨어 있던 매력을 끌어내고, 새로운 자신감을 심어주는 과정이다. 메이크업 하나, 헤어스타일 하나가 달라졌을 뿐인데도, "내가 이렇게 변할 수 있구나"라는 놀라움이 찾아온다. 50대 이후의 삶은 체력이 줄고, 역할이 바뀌며, 자신감이 흔들리기 쉽다. 바로 그때, 전문가의 손길은 당신의 젊음을 20년 더 연장하는 지름길이 된다. 외모가 달라지면 표정이 달라지고, 표정이 달라지면 행동이 달라진다. 그리고 행동이 달라지면 결국 인생 전체가 달라진다. 그러니 이제 "나는 그냥 이 나이니까"라는 말을 내려놓자. 조금 더 이기적으로 나를 가꾸고, 전문가의 도움을 받아라. 그것이 당신이 다시 빛나기 시작하는 가장 빠른 길이다.

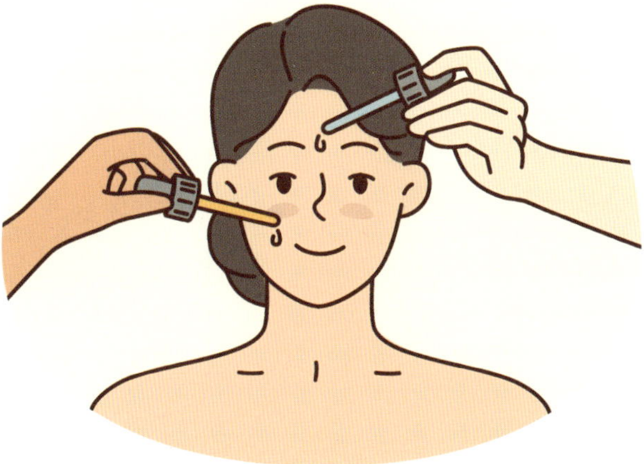

50부터 생각을 바꿔야 20년 젊어진다

젊음은 생각에서 시작된다. 많은 사람들은 젊음을 외모에서만 찾는다. 주름이 늘었는지, 머리카락이 빠졌는지, 체력이 예전 같지 않은지에 집착한다. 하지만 방송국에서 만난 수많은 연예인 시니어들의 공통점은 달랐다. 그들은 외모보다 먼저 '생각의 젊음'을 유지하고 있었다.
"나이는 숫자일 뿐"이라는 말을 흔히 듣는 표현이지만, 실제로 강력한 진리다.

50 세 이후에도 "나는 여전히 도전할 수 있다"라고 믿는 사람은 표정이 밝고, 에너지가 넘쳤다. 반대로 "이제는 늙었으니…"라는 생각을 가진 사람은 실제 나이보다 훨씬 더 늙어 보였다. 결

국 젊음은 피부가 아니라 마인드셋에서 시작된다. 그리고 생각이 바뀌면 행동이 바뀐다.
생각이 바뀌어야 새로운 도전이 가능하고, 그 도전이 당신의 시간을 20년 젊게 만든다.

예를 들어, 운동을 '의무'라고 생각하는 사람은 몇 번 하다 쉽게 포기한다. 하지만 운동을 "내 몸을 더 자유롭게 쓰기 위한 선물"이라고 여기는 순간, 그 시간은 즐거움으로 바뀐다. 공부 역시 마찬가지다. "이 나이에 뭘 배우겠어"라는 생각을 가진 사람은 책조차 펼치지 않는다. 그러나 "지금이야말로 배우기에 가장 좋은 때"라고 생각하는 사람은 배우는 순간마다 젊어짐을 체감한다.

나는 한 60대 방송인을 통해 이를 직접 확인했다. 그는 매일 영어를 공부하고, 스마트폰으로 유튜브 편집까지 배우고 있었다. 내가 놀라서 "이제 쉬셔도 되지 않으세요?"라고 묻자, 그는 웃으며 이렇게 답했다.

"쉬는 건 은퇴가 아니에요. 죽음이에요. 나는 지금이 제일 재밌는 나이예요."
그의 눈빛은 30대 청년보다도 더 반짝였다. 이처럼 배움은 나이를 거슬러 올라가는 가장 확실한 비법이다.

"왜 50부터 생각을 바꿔야 하는가?"

50대는 인생의 전환점이다.
아이들은 독립하고, 직장은 정년을 바라보고, 체력은 조금씩 줄어든다. 이 시기를 "이제는 내리막길이야"라고 받아들이면, 남은 30년은 정말로 내리막이 된다. 하지만 "이제야 진짜 내 인생이 시작된다"라고 생각한다면, 남은 30년은 제2의 황금기가 된다. 생각을 바꾸는 순간, 삶의 방향이 달라진다. 50 세 이후의 선택은 앞으로의 20년, 30년을 결정짓는 힘을 가진다.

젊음을 연장하는 구체적인 생각법

- 긍정의 언어 사용하기 : "벌써 50이야" 대신 "이제 겨우 50이야"라고 말하라.
- 배움의 자세 유지하기 : "이제 늦었어"가 아니라 "지금이 가장 좋은 시작"이라고 여겨라.
- 자기 돌봄에 투자하기 : "꾸미는 건 사치야" 대신 "나를 가꾸는 건 내 인생에 대한 예의야"라고 생각하라.
- 관계 재정리하기 : "어쩔 수 없는 인간관계" 대신 "나를 응원해주는 사람과 함께하겠다"고 정하라.

작은 생각의 전환이 쌓여서, 실제 나이를 뛰어넘는 젊음을 만든다.

50세는 끝이 아니다. 두 번째 30대의 시작이다
다시 공부할 수 있고, 다시 사랑할 수 있으며, 다시 도전할 수 있다.
생각을 바꿔야 행동이 달라지고, 행동이 달라져야 인생이 변한다.
그러니 오늘부터 이렇게 다짐해 보자.

"나는 지금부터 20년 더 젊어질 것이다."

그 다짐 하나가 당신의 삶을 완전히 바꿔놓을 것이다.

나이보다 들어 보이는 걸음걸이

"첫인상은 얼굴만으로 결정되지 않는다"

나는 방송국에서 수십 년 동안 연예인들의 헤어와 메이크업을 담당하며, 무대까지 걸어 들어오는 걸음걸이가 나이를 얼마나 다르게 보이게 하는지 수없이 목격했다.

"걸음걸이는 나이를 말한다"

어떤 이는 아직 50대인데도 어깨가 굽고 발을 질질 끈다. 그 순간 얼굴을 손대기도 전에 "이분은 더 나이 들어 보이겠다"는 생각이 든다. 하지만 70대라도 허리를 펴고 당당하게 걸어 들어오는 모습을 보면, 실제 나이보다 10살, 20살은 젊어 보인다. 걸음걸이는 그 사람의 에너지와 태도를 가장 먼저 드러낸다.

방송국에서 본 배우의 한마디

내가 기억하는 한 원로 배우는 대기실에 들어올 때마다 말했다.

"걸음은 무대에 오르기 전의 리허설이야."

그녀는 복도를 걸을 때도 허리를 펴고, 시선을 높게 두며, 발을 단단히 디뎠다. 작은 동작 하나하나가 배우로서의 자존심 같았다. 그녀의 말처럼, 걸음은 단순한 이동이 아니라 '나는 어떤 사람이다'라는 자기소개였다.

나이보다 들어 보이는 걸음의 특징

현장에서 본, 실제 나이보다 늙어 보이는 걸음에는 공통점이 있었다.

- 허리가 구부정하다 : 몸이 앞으로 숙여져 있다.
- 보폭이 짧다 : 힘이 빠져 있는 듯 작게 걷는다.
- 발을 끈다 : 체력보다 습관의 영향이 크다.
- 시선이 아래로 향한다 : 표정까지 어둡게 만든다.

이런 걸음은 단순히 외형의 문제가 아니라, 자신감 부족을 드러내는 무의식적 신호다.

젊음을 보여주는 걸음의 습관

젊어 보이는 걸음에는 몇 가지 공통점이 있다.
허리와 어깨를 곧게 펴고, 시선을 정면보다 약간 위로 둔다.
자신의 키와 체형에 맞는 보폭으로 자연스럽게 걷는다.

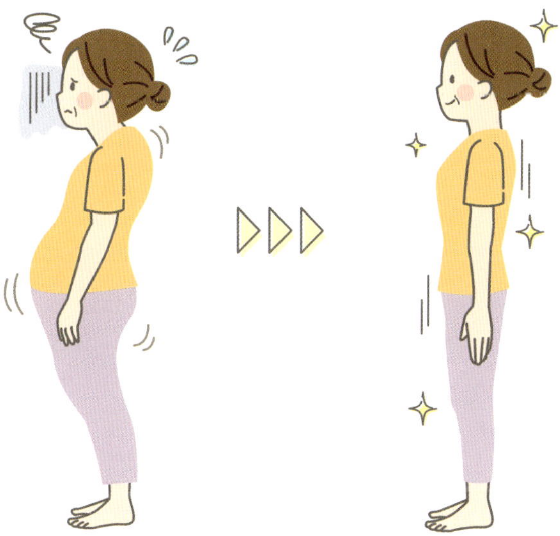

발뒤꿈치부터 디디고 발끝까지 힘을 준다.

팔은 자연스럽게 흔들며 균형을 잡는다.
속도는 너무 빠르지도, 지나치게 느리지도 않게 리듬을 유지한다.
이 습관만 지켜도 같은 사람이 최소 5살은 더 젊어 보인다.

내가 만난 한 출연자의 변화

예전에 한 60대 여성 출연자가 있었다.
처음 방송국에 오셨을 때는 어깨가 잔뜩 말려 있고, 발을 끄는 습관이 있었다. 메이크업과 헤어를 단정히 해도 기운이 없어 보였다. 나는 농담 반 진담 반으로 말씀드렸다.
"선생님, 얼굴은 제가 젊게 만들어드릴 테니, 걸음은 선생님이 젊게 만들어주세요."

그 후로 그분은 의식적으로 허리를 펴고, 보폭을 넓히는 연습을 했다고 했다. 몇 주 뒤 다시 만났을 때, 주변 스태프들이 "요즘 훨씬 활기차 보이세요"라고 말하는 걸 듣고 나도 흐뭇했다. 작은 걸음걸이의 변화만으로도 사람 전체가 달라 보였다.

"걸음걸이는 인생 태도다"

걸음걸이는 단순한 이동이 아니다.
젊어 보이는 걸음은 <나는 여전히 살아 있고, 앞으로 나아간다>는 선언이다. 반대로 늙어 보이는 걸음은 <나는 지쳤고, 더 이상 도전하지 않겠다>는 무언의 메시지다.

오늘부터 거울 앞에서, 혹은 길을 걸으며 이렇게 다짐해 보자.

"나는 젊게 걷겠다. 내 걸음은 내 젊음이다."

그 한 걸음 한 걸음이 당신의 인생 전체를 다시 젊게 바꿀 것이다.

항상 생각만 하고 실천하지 않는 사람은 매력이 없다

머릿속 계획만으로는 아무 일도 변하지 않는다.

“운동을 시작해야지.”
“이제는 나를 좀 꾸며야지.”
“영어를 배워볼까?”

많은 사람들이 이렇게 생각만 하다가 멈춘다. 더 큰 문제는 그 생각만으로도 뭔가 한 것 같은 착각에 빠진다는 것이다. 나는 방송국에서 수많은 시니어 출연자들을 보며 깨달았다. 차이를 만드는 건 ‘생각’이 아니라 ‘실천’이었다.

방송국에서 본 두 부류의 사람들

같은 60대라도 차이는 분명했다. 한쪽은 늘 “이 나이에 뭘 해요”라며 시도조차 하지 않았다. 하지만 다른 한쪽은 “해보자, 시작해 보자”라며 작은 것부터 실천했다.

내가 스타일링을 맡았던 한 70대 배우는 매일 새벽 스트레칭을 하고, 다이어리에 하루 계획을 기록하며 점검했다. 그는 말 그대로 ‘여전히 현역’이었고, 무대 위에서 늘 당당하게 빛났다. 반대로 “운동을 해야지”라고 말만 하던 또 다른 이는 체력이 눈에 띄게 떨어졌고, 현장에서도 쉽게 지쳐 보였다.

"매력은 움직이는 사람에게 있다"

생각만 하는 사람은 대화 주제가 많을지언정 실제로 보여줄 것은 없다. 결국 매력이 없다는 평가를 받는다. 그러나 작은 것이라도 꾸준히 실천하는 사람은 자연스럽게 이야깃거리가 생기고, 주변을 자극하는 매력을 갖게 된다.

예를 들어, 매일 30분 걷기를 실천한 사람은 몸매뿐 아니라 걸음걸이에서 자신감이 묻어난다.

매일 짧은 영어 문장을 외운 사람은 대화 중 한두 마디로도 활기찬 분위기를 만든다. 매일 립스틱 하나라도 바르는 습관을 가진 사람은 표정이 밝아진다.

실천을 위한 작은 방법

- 크게 말하지 말고 작게 시작하라 : '운동해야지' 대신 '오늘 10분만 걷자.'

- 계획을 눈에 보이게 적어라 : 다이어리에 기록하거나 휴대폰 알람을 활용하라.
- 누군가에게 말하라 : "오늘부터 시작했어"라고 말하면 책임감이 생긴다.
- 작은 성취를 즐겨라 : 하루 1cm의 변화가 1년 뒤 당신을 완전히 바꾼다.

"매력은 행동에서 나온다"

생각은 누구나 한다. 그러나 매력은 행동하는 사람에게서만 드러난다. 50대 이후의 젊음 역시 실천에서 시작된다. 오늘도 머릿속에서만 맴도는 계획이 있는가? 그렇다면 지금 당장 한 걸음이라도 움직여라. 그 순간, 당신은 이미 매력적인 사람이 되어 있을 것이다.

당신만의 가치와 철학을 만들자

나는 오랜 시간 방송국에서 연예인 시니어들의 헤어와 메이크업을 담당하며 한 가지 사실을 깨달았다. 나이를 넘어 빛나는 사람들의 공통점은 겉모습이 아니라 자신만의 가치와 철학을 가지고 있다는 점이었다.

같은 60대라도 '나는 지금도 도전할 수 있다'는 마음가짐을 가진 사람은 표정과 걸음에서 당당함이 드러났다. 반대로 '이제는 늙었지 뭐'라는 생각을 가진 사람은 실제 나이보다 훨씬 지쳐 보였다. 결국 매력은 외모가 아니라, 생각과 철학에서 시작된다.

“철학은 생각에서 행동으로”

철학은 머릿속에만 머물면 공허하다.
내가 스타일링을 맡았던 한 70대 배우는 이렇게 말했다.
“오늘은 무대 위에서 나답게 살아보자.”
그는 헤어와 메이크업뿐 아니라 걸음걸이, 표정, 말투까지 자신의 철학에 맞춰 행동했다. 철학은 행동으로 드러날 때 비로소 의미가 생긴다. 말만 하고 실천하지 않으면, 어떤 철학도 공허하게 들릴 뿐이다.

나만의 가치를 발견하는 방법

- 지금 나에게 중요한 것 점검하기
  건강, 자신감, 관계, 취미, 성취 등 삶의 우선순위를 정한다.
- 남과 비교하지 않고 기준 세우기
  패션, 운동, 배움, 일상 습관에서 남의 눈치보다 내 만족을 우선한다.
- 작은 행동으로 철학 실천하기
  매일 30분 걷기, 립스틱 바르기, 책 한 장 읽기, 감사 일기 쓰기.

작은 행동 하나가 곧 나만의 철학과 가치를 현실로 만든다.

가치와 철학이 주는 힘

- 자신감 : 누가 뭐라 해도 흔들리지 않는다.
- 매력 : 자연스럽게 주변을 끌어당긴다.
- 삶의 방향성 : 나이가 들어도 목표와 즐거움이 분명하다.

방송국에서 만난 시니어 연예인들은 외모보다 먼저 자신만의 철학을 지니고 있었다. 겉으로는 메이크업과 헤어로 단정했지만, 그 안에 자신만의 기준과 철학이 있었기에 진짜 빛날 수 있었다.

철학이 곧 젊음이다. 나이보다 중요한 것은 얼굴의 주름이 아니라, 삶의 깊이와 자신감이다. 당신만의 가치와 철학을 만들고, 그것을 행동으로 옮겨라. 그 순간, 내면에서 우러나오는 매력이 진짜 젊음을 완성한다.

숨은 그림 찾기가 아닌 숨은 매력 찾기

"매력은 어디에 숨어 있을까?"

어릴 적 우리는 숨은 그림 찾기를 즐겼다. 작은 그림 하나를 발견했을 때 느끼는 기쁨은 컸다. 그리고 50대 이후의 삶에서도 우리는 종종 자신의 매력을 숨은 그림처럼 찾으려 한다. 물론 많은 사람들은 거울에 비친 주름과 체형, 나이 탓만 하며 정작 자신에게 있는 매력을 발견하지 못한다.

나는 방송국에서 수많은 시니어 연예인들을 스타일링하며 깨달았다. 같은 옷을 입어도 어떤 배우는 남의 옷을 입은 듯 어색했고, 어떤 배우는 기성복도 맞춤복처럼 소화했다. 또 어떤 이는 패스트 패션을 입고도 명품처럼 보였다. 매력은 패션과 경험, 인간관계 속에서 드러난다는 사실이었다.
최근 한 프로그램의 진행자는 저렴한 옷을 입고도 세련되게 소화해 "더 아름다워졌다"는 칭찬을 들었다고 했다. 그 말을 듣고 나 역시 "더 좋은 옷을 준비해야겠다"는 다짐을 하게 되었다.

매력은 언제 어디서든 발휘될 수 있다. 누군가를 돕고, 좋은 에너지를 전한다. 어떤 이는 화려한 메이크업보다 표정과 눈빛이 빛났고, 어떤 이는 옷보다 걸음걸이와 자세에서 매력이 드러났다. 결국 매력은 겉모습이 아니라 행동, 태도, 마음가짐 속에 숨어 있다.

숨은 매력을 발견한 사례

한 60대 배우는 처음 방송국에 왔을 때 표정이 굳어 있었고, 걸음걸이는 무겁고 어깨도 구부정했다. 얼굴과 헤어를 단정히 했지만, 구부정한 어깨 때문에 전혀 달라 보이지 않았다. 안타까운 마음에 나는 조심스레 말했다.

"선생님의 멋진 외모보다 더 매력적인 건 저음의 목소리예요. 어깨를 조금만 펴고 천천히 걸으시면 '007 제임스 본드'보다 더 섹시해 보이실 겁니다."
촬영 전 출연자의 숨은 매력을 발견해 기분을 북돋아 드리자, 현장은 한결 밝아졌고 프로그램 녹화도 즐겁게 진행되었다.

"숨은 매력은 작은 태도에서 나온다"

앞서 사례가 보여주듯, 매력은 화려한 외모가 아니라 작은 태도에서 드러난다. 어깨를 펴고, 천천히 걷고, 자신만의 강점을 인정하는 순간 숨은 매력은 자연스럽게 드러난다. 오늘부터 당신도 거울 앞에서 작은 습관 하나를 바꿔보라. 그 변화가 삶 전체를 젊고 당당하게 바꾸는 시작이 될 것이다. 매력은 화려한 외모나 값비싼 옷이 아니다.

- 하루 10분 스트레칭이 만드는 당당한 걸음걸이
- 하루 한 번 웃음이 바꾸는 밝은 표정
- 작은 배려가 드러내는 따뜻한 말투

이 작은 습관들이 우리를 더욱 빛나게 하는 진짜 매력이다. 매력을 찾으려 애쓰지 마라. 지금 당장 행동하라. 습관이 곧 당신의 매력이 된다.

독자를 위한 실천 팁

- 하루 1분 관찰하기 : 거울 속 나를 바라보며 가장 매력적인 부분 찾기
- 작은 행동으로 표현하기 : 허리 펴고 걷기, 웃음 연습, 자연스러운 손동작
- 주변 반응 관찰하기 : 사람들의 시선과 반응에서 장점 확인하기
- 기록하기 : 발견한 매력을 메모하며 스스로 칭찬하기

"매력은 숨은 그림이 아니다"

매력은 찾는 것이 아니라 행동과 태도 속에서 드러나는 것이다. 숨은 그림 찾기처럼 애써 찾으려 하지 말고, 작은 습관과 자신감을 통해 자연스럽게 드러나는 숨은 매력을 경험하라. 오늘부터 거울 앞에서, 걸음을 걸으며, 웃음을 지으면서 이렇게 다짐해보자.

"숨은 매력은 없다. 나는 오늘부터 드러낼 것이다."

그 한 걸음 한 걸음이 당신의 삶을 더 빛나게 만든다.

나이 들수록 새옷을 사자

나이 들수록 새옷을 입어야 한다. 아끼지 말고 나 자신을 위한 열정의 소비를 하자. 헌옷은 기부로 나누고, 새옷은 나의 옷장으로 들이는 것이 좋다. 그렇게 자신과 타인을 동시에 배려할 수 있는 사람이 되길 바란다. 많은 부모 세대는 자신을 위해 새로운 지출을 꺼린다. 하지만 새옷은 단순한 옷이 아니다. 나이가 들면 새옷을 사는 것조차 사치라 여기기 쉽지만, 실제로는 큰 힘을 준다. 새옷을 입으면 외형만이 아니라 걸음걸이, 자세, 표정, 심지어 대화 태도까지 달라진다. 나는 방송국에서 수많은 시니어 연예인들을 보며 이를 확인했다.

한 번은 60대 남성 배우에게 새 정장을 입혀드린 적이 있다. 촬영장에 들어서는 순간 그는 자신감과 당당함으로 가득했고, 주변 스태프들도 놀랐다. 거울을 본 그는 이렇게 말했다.

"나, 이렇게 당당하게 설 수 있구나."

반대로 그가 평소 입던 낡은 명품 옷은 검소하다기보다 "나는 이제 힘이 없다"라는 메시지를 주는 듯했다. 오히려 초라해 보였다. 명품이 아니어도 좋다. 나이 들수록 새옷을 입는 것이야말로 자신을 젊게 만드는 비결이다.

새옷이 주는 가치

- 자신감 : 새옷을 입으면 거울을 보는 시선이 달라지고, 몸과 마음이 자연스럽게 펴진다.
- 주체성 : 남의 시선보다 나를 먼저 만족시키는 선택이 삶의 철학이 된다.
- 행동력 : 새옷을 입으면 외출하고 싶은 마음이 생기고, 새로운 만남과 경험으로 이어진다.
- 자기 표현 : 나만의 취향과 스타일을 드러내는 강력한 수단이 된다.

나이 들수록 새옷을 사야 하는 이유

- 변화된 체형과 취향 : 20대의 옷은 더 이상 맞지 않을 수 있다. 지금의 체형과 라이프스타일에 맞춘 옷이 필요하다.
- 기분 전환과 활력 : 새옷은 단조로운 옷장을 깨고 하루를 신선하게 시작하게 한다.
- 자기 보상과 존중 : 나를 위해 투자한다는 마음가짐은 삶 전체에

긍정적 영향을 준다.

실전 팁 : 시니어를 위한 새옷 가이드

- 한 달에 한 벌 : 큰 부담 없이 작은 변화부터 시작한다.
- 체형과 취향 고려 : 편안함과 스타일을 함께 챙긴다.
- 어울리는 컬러 찾기 : 피부 톤과 조화를 이루는 색상이 얼굴을 환하게 만든다.
- 포인트 아이템 활용 : 스카프, 벨트, 액세서리로 간단히 변화를 준다.
- 행동 관찰 : 새옷을 입었을 때 자신감과 태도가 어떻게 달라지는지 직접 확인한다.

새옷은 나이를 거꾸로 돌리는 비밀

나이는 숫자에 불과하다. 새옷 한 벌이 주는 자신감과 활력은 외모를 넘어 걸음걸이, 표정, 말투, 삶의 태도까지 바꾼다. 50대, 60대 이후라면 더욱 새옷을 사라. 새옷은 단순한 의복이 아니라, 당신의 삶과 매력을 다시 디자인하는 도구다.

모임이 하나도 없는 사람과 많은 사람과의 차이

모임이 없는 삶

모임이 전혀 없는 사람은 겉으로는 평온해 보인다. "나는 혼자 있는 게 좋아"라고 말하기도 한다. 그러나 시간이 지나면 활력이 줄고, 표정과 몸짓에서도 생기가 사라진다. 방송국에서 만난 몇몇 시니어 연예인들도 그랬다. 혼자 생활하는 출연자는 미소가 적고, 걸음걸이가 무거웠다. 메이크업과 헤어로 꾸며 보지만, 어딘가 활력이 부족해 보였다. 모임이 없으면 새로운 대화에서 에너지를 얻지 못하고, 자신의 매력을 드러낼 기회도 줄어든다.

모임이 많은 삶

반대로, 모임을 꾸준히 갖는 시니어들은 확연히 달랐다. 친구와의 커피 모임, 운동 모임, 취미 모임에 참여하는 이들은 얼굴이 밝고 생기 있었다. 걸음걸이와 자세도 당당했고, 표정에는 여유와 자신감이 묻어났다. 이런 사람들은 헤어와 메이크업을 해주면 스타일이 더 살아났고, 무대 위에서 진짜 빛나는 사람처럼 보였다. 모임에서의 대화와 경험이 곧 에너지를 충전하고, 매력을 강화하는 원동력이 된 것이다.

구분	모임이 없는 사람	모임이 많은 사람
표정	미소가 적고 생기 부족	밝고 여유 있으며 자신감 있음
걸음걸이 · 자세	무겁고 구부정함	당당하고 리듬감 있음
에너지	점점 활력 감소	대화와 경험에서 에너지 충전
매력	드러낼 기회 부족	자연스럽게 강화되고 표현
인상	꾸며도 어딘가 활력 없어 보임	스타일이 몸에 녹아들어 빛나 보임

실전 모임을 활용해 매력 높이기

- 작은 모임부터 참여하기 : 산책 모임, 취미 동호회 등 부담 없는 자리부터 시작한다.
- 자신만의 스타일로 나가기 : 새옷, 미소, 자신감 있는 걸음으로 모임에 등장한다.
- 관찰과 대화하기 : 다른 사람의 장점을 배우고, 내 매력 포인트를 확인한다.
- 습관화하기 : 매주 정기적으로 참여해 사회적 활력을 이어간다.

"매력과 삶의 에너지는 관계에서 나온다"

모임의 유무는 단순히 외향성의 문제가 아니다. 사회적 활동과 경험에서 얻는 에너지가 얼굴, 표정, 걸음, 태도까지 바꾼다. 50대 이후라면, 모임 참여는 젊음과 매력을 연장하는 가장 쉬운 방법 중 하나다. 오늘부터 작은 모임이라도 시작하라. 걸음걸이, 미소, 대화 속에서 당신의 진짜 매력이 드러날 것이다.

한 노령의학 전문가는 60세부터 관리를 시작해야 한다고 말한다. 그러나 나의 경험으로는 10년 앞당겨 50세부터 시작해야 한다. 50대는 갱년기와 맞서는 시기다. 이때부터 훈련하고 관리해야만, 더 매력적인 60대를 맞이할 수 있다. 건강하고 젊을 때 시작하는 준비가 곧 미래의 자신감을 만든다.

50부터 관리해야 하는 이유

- 건강 : 신체 변화가 본격적으로 시작되는 시기다.
  지금부터 관리해야 60대 이후의 노화를 늦출 수 있다.
- 습관 : 잘못된 생활습관은 고착되기 쉽다.
  50대에 만든 관리 루틴이 평생을 좌우한다.
- 관계 : 자신감 있는 모습이 인간관계의 질을 결정한다.
  외모와 태도가 곧 매력과 에너지로 이어진다.

CHAPTER 02

50대부터는 화장할수록 젊어진다

CHAPTER
02
50대부터는 화장할수록 젊어진다

화장은 단순한 꾸밈이 아니다. 50대 이후 많은 사람들은 '나이 들어 화장해도 소용없다'라고 생각한다. 그러나 방송국에서 시니어 연예인들을 스타일링하며 깨달았다. 화장은 단순히 외모를 바꾸는 것이 아니라 자신감을 드러내는 도구다.

- 피부 톤을 정리하고 얼굴에 생기를 더하는 화장
- 눈과 입술을 강조해 표정을 또렷하게 만드는 메이크업
- 자연스러운 하이라이트와 음영으로 얼굴형을 보정하는 기법

이런 작은 변화만으로도 걸음걸이, 표정, 태도까지 달라진다. 즉, 화장은 젊음을 연장하는 매력의 연료다.

동갑인데도 더 나이 들어 보이는 사람들의 공통점

50대 이후에는 같은 나이여도 어떤 사람은 젊어 보이고, 어떤 사람은 나이 들어 보인다. 방송국에서 만난 수많은 시니어 연예인과 일반인을 관찰하며 확인한 공통점이다.

1. 화장과 피부 관리에 소홀하다

- 얼굴이 칙칙하고 생기가 없다.
- 주름과 다크서클이 강조된다.
- 피부 톤 정리와 입체감 있는 메이크업을 하지 않아 표정이 흐려 보인다.

▶ 화장과 피부 관리는 단순한 꾸밈이 아니라, 젊음과 활력을 보여주는 신호다.

2. 걸음걸이와 자세가 구부정하다

- 어깨가 굽고 시선이 아래로 향한다.
- 걸음이 무겁고 자세에서도 자신감이 부족하다.

▶ 당당한 걸음과 자세는 나이를 숨기고 자신감을 드러내는 핵심 요소다.

3. 표정과 미소가 적다

- 웃음이 드물고 표정이 단조롭다.
- 감정 표현이 부족해 활력이 없어 보인다.

▶ 자연스러운 미소와 눈빛은 젊음과 매력을 만드는 가장 간단한 방법이다.

4. 자기 관리와 스타일링을 게을리한다

- 머리, 의상, 액세서리에 신경 쓰지 않는다.
- 새 옷을 잘 사지 않거나 체형과 톤에 맞지 않는 스타일을 고집한다.

▶ 나이 들어서도 자신을 가꾸는 습관이 외모와 에너지를 결정한다.

5. 사회적 활동이 부족하다

- 모임, 취미, 운동, 친구 만남이 거의 없다.
- 새로운 경험이 줄어 표정과 몸짓에서도 활력이 떨어진다.

▶ 사회적 활동은 표정, 걸음, 태도까지 젊게 만드는 중요한 원천이다.

동갑인데도 나이 들어 보이는 사람들의 차이는 유전이나 운이 아니다. 습관, 태도, 그리고 관리 부족에서 비롯된다.

- 화장과 피부 관리
- 자세와 걸음걸이
- 표정과 미소
- 스타일링과 자기 관리
- 사회적 활동

이 다섯 가지만 개선해도, 실제 나이보다 훨씬 젊고 매력적으로 보일 수 있다.

당신의 얼굴에는 스토리가 있다

“왜 화장을 안해? 조금만 하면 더 예뻐 보일 것 같아”

내가 좋아하는 미선이에게 이렇게 말했을 때, 그녀는 단호하게 대답했다.

“난 화장하면 오히려 더 나이 들어 보여서 안 해.”

전문가 입장에서 아쉬움이 남았다. 조금만 도움을 받는다면 충분히 달라질 수 있기 때문이다. 시간이 흘러 미선이 50세가 되자, 갱년기를 겪으며 운동을 열심히 한다는 소식을 들었다. 거울을 보는 일이 두렵다고 했다. 푸석해진 피부, 눈가의 피곤한 흔적, 웃을 때마다 드러나는 주름이 그대로 나이를 말해주는 것 같았기 때문이다.

그러던 어느 날, 그녀는 별다른 이유 없이 립스틱을 발라 보았다. 놀랍게도 작은 색 한 방울이 얼굴에 생기를 불어넣었다. 그 순간 그녀는 깨달았다.

‘화장은 단순히 예뻐 보이기 위한 게 아니구나. 내 마음도 젊게 하는 힘이 있구나.’

그 후로 매일 아침 화장은 그녀의 습관이 되었다. 주변에서도 달라진 모습을 알아보았다.

"요즘 왜 이렇게 밝아졌어?"
"한결 어려 보이네!"

그녀는 칭찬을 들을 때마다 자신감이 생겼고, 부정적인 생각은 자연스럽게 사라졌다고 한다. 직접 만나본 그녀는 예전보다 훨씬 활기찼다. 친구들 역시 "20년은 젊어 보인다", "청담동 며느리 같다"라며 놀라워했다. 그러나 진짜 변화는 외모보다 마음에 있었다. 거울 앞에서 화장하는 시간은 자신을 사랑하는 약속이자, 여전히 아름다울 자격이 있다는 다짐이었다.

50세 이후의 삶은 끝이 아니라 또 다른 시작이다. 화장은 단순한 꾸밈이 아니라, 마음과 외모 모두를 젊게 만드는 연료다. 당신의 얼굴에는 세월이 들려주는 이야기가 있다. 그 위에 화장을 더한다면, 주름은 흔적이 아니라 열정과 빛깔이 깃든 스토리가 된다. 립스틱 하나만 발라도 충분하다. 그 순간 얼굴은 다시 빛을 찾고, 무엇보다 마음이 다시 설레게 될 것이다.

아침 미지근한 물 한 잔은 젊음을 만든다

예전의 아침은 늘 분주했다. 눈을 뜨자마자 시계를 보고, 서둘러 하루를 준비하며 몸이 보내는 신호는 무시하기 일쑤였다. 그러다 문득 엄마의 말이 떠올랐다.

"아침에 일어나 미지근한 물 한 잔을 마셔라."

순간, '단순한 습관 하나가 왜 나에겐 없었을까' 하는 생각이 들었다. 찬물도, 뜨거운 물도 아닌 몸과 비슷한 온도의 물 한 잔. 목을 타고 내려가는 그 순간, 몸속 깊이 갇혀 있던 기운이 깨어나는 듯했고, 속이 편안해지며 마음까지 안정되었다. 그 후로 아침 물 한 잔은 단순한 습관이 아니라, 화장보다 먼저 커피보다 먼저 나를 깨우는 작은 의식이 되었다. 어느 순간, 남편도 함께 하기 시작했고, 건강을 위한 이 사소한 루틴이 우리 부부에게는 삶을 정돈하는 공통된 약속이 되었다.

건강은 거창한 노력에서 오지 않는다. 이렇게 작은 습관에서 시작된다. 아침 미지근한 물 한 잔은 피부를 촉촉하게 하고, 마음을 젊게 한다. 연예인들도 예외는 아니다. 배우 김혜수 씨가

레몬을 띄운 물을 마시는 모습을 보며 그저 나름의 루틴이라 생각했지만, 오늘날 그녀의 매력적인 자기 관리 철학이 브랜드가 될 수 있었던 바탕에는 그녀의 루틴이 이어지고 있기 때문이었다.

실제로 많은 연예인들이 늘 생수병을 들고 다니는 것도 같은 이유다. 직업을 떠나 물은 우리 모두의 필수 아이템이다. 아침 물 한 잔은 피부와 몸을 깨우고, 마음의 활력을 불어넣는다. 오늘부터 아침마다 이렇게 다짐해 보자.

"내 젊음은 물 한 잔에서 시작된다."

연예인이 동안인 이유

우리는 종종 텔레비전 속 연예인을 보며 감탄한다.

"벌써 50대라고? 30대라고 해도 믿겠다."

주름 하나 없는 피부, 생기 있는 표정, 날렵한 몸매. 그 비결이 궁금해진다. 많은 사람들은 값비싼 화장품이나 시술을 떠올린다. 하지만 메이크업 전문가 입장에서 가까이서 본 연예인들의 공통점은 달랐다.

첫째, 자기 관리를 멈추지 않는다.

아침 일찍 일어나 규칙적으로 운동하고, 몸에 좋은 음식을 챙겨 먹는다. 다른 사람들이 "나이 들었으니 어쩔 수 없어"라고 말할 때, 그들은 오히려 "이 나이니까 더 관리해야지"라고 말한다. 그 태도가 얼굴과 몸에 그대로 드러난다.

둘째, 늘 무대 위에 선다.
카메라 앞에 서고, 대중의 시선을 받으며 자연스레 자신을 단단히 다잡는다. 그 긴장은 억지스러운 것이 아니라 에너지로 바뀌어, 나이의 무게를 오히려 힘으로 전환시킨다.

셋째, 마음이 젊다.
연예인들의 대화를 들어보면 새로움에 대한 호기심이 가득하다. 노래, 패션, 문화, 사람들과의 만남……. 세상을 닫아 두지 않고 끊임없이 열어두니 표정에서 생기가 흘러나온다. 결국 동안은 피부에서 시작되는 것이 아니라 마음에서 먼저 피어나는 꽃이다. 물론, 연예인도 예외는 아니다. 방심하면 피로가 얼굴에 드러난다. 그러나 꾸준한 자기 관리, 긍정적인 마음, 자신을 사랑하는 태도가 그들을 다시 빛나게 한다.

"당신도 삶의 무대 위에 서 있다"

당신은 연예인이 아니지만, 여전히 같은 길을 걷고 있다. 우리는 모두 삶이라는 무대 위에 서 있다. 누군가는 당신을 부러워할 수도, 불편해할 수도, 비웃을 수도 있다. 하지만 또 누군가는 당신을 통해 영감을 받고, 삶을 바꿀 수도 있다. 그 주인공은 바로 당신이다.

<빛나기 위해 태어났다>는 노래처럼, 당신의 빛은 세상을 밝힌다. 멋지게 살아보는 건 결코 손해가 아닌, 남는 장사다. 과

거에는 TV 속 연예인만이 특별한 존재였다. 그러나 이제는 다르다. 유튜브, 숏츠, 인스타그램 등 누구나 자신만의 콘텐츠를 만들 수 있는 시대다. 실제로 손녀와 할머니, 엄마와 딸이 함께 하는 유튜브 채널이 큰 사랑을 받고 있다. 늘 몸빼 바지를 입고 다니던 한 할머니가 있었다. 그러나 화장을 하고 세련된 원피스를 입고, 여행지에서 찍은 사진을 올리자 그녀는 순식간에 인기 있는 시니어 유튜버가 되었다.

동안이란, 단순히 어려 보이는 것이 아니다. 마음과 몸의 활력을 유지하고, 노화를 예방하는 힘이다. 동안은 특별한 비밀이 아니다. 아침의 미지근한 물 한 잔, 얼굴을 환하게 밝혀주는 화장, 하루 30분 걷기 같은 작은 습관이 쌓여 만들어진다.

연예인이 동안인 이유는 특별해서가 아니다. 꾸준히 자신을 사랑하기 때문이다. 오늘부터 이렇게 다짐하라.

"나를 사랑하는 순간, 젊음은 시작된다."

동안이라는 이름의 마음

동안은 단순히 외모의 젊음을 말하지 않는다. 그것은 내면의 충만함, 마음의 안정, 그리고 나이 듦을 긍정적으로 받아들이는 태도에서 비롯된다. 얼굴에 드러나는 주름조차도, 어떻게 살아왔는지를 보여주는 삶의 문장이 될 수 있다.

연예인들의 동안 비결을 가까이서 지켜보며 깨달은 점은 단순하다. 값비싼 시술이나 특별한 비밀은 없다. 매일 일정한 시간에 몸을 움직이고, 작은 루틴을 성실히 지켜내며, 스스로를 존중하는 시간을 확보하는 것. 이 사소한 실천들이 쌓여 어느새 '젊어 보인다'는 평가로 돌아온다. 그리고 그 평가가 다시 자신감을 키워 새로운 활력을 만든다. 동안은 선순환의 결과다.

결국, 중요한 것은 마음을 어떻게 다루느냐이다. 불안을 키우는 대신 감사하는 마음을, 불만 대신 호기심을, 포기 대신 도전을 선택하는 사람은 나이를 잊는다. 얼굴빛은 달라지고, 표정은 밝아지고, 주변 사람들에게도 좋은 에너지를 전한다. 진짜 동안은 피부에서 시작되지 않는다. 삶을 사랑하는 태도, 매일 자신을 돌보는 습관, 나이 들어감을 받아들이는 품격이 얼굴에 새겨지는 것이다.

오늘부터 당신도 작은 실천을 시작하라. 아침의 물 한 잔, 짧은 산책, 얼굴을 밝혀주는 화장, 그리고 자기 자신을 격려하는 셀프톡. 이 모든 것이 당신만의 동안 철학을 만든다. 동안은 외모가 아니라 태도다. 그리고 그 태도는 오늘 당신의 선택에서 시작된다.

'오늘부터 당신의 작은 실천이 시작되길 바란다.'

당신도 젊어질 수 있다

"부지런히 멋 부리자"

젊어지는 것을 싫어할 사람은 없다. 요즘은 나이를 가늠하기 힘들 만큼 동안인 사람들이 많다. 그러나 그들을 부러워하고 있는 당신은 점점 늙어가고 있다. 나이가 들면 누구나 한 번쯤 거울 앞에 서서 중얼거린다.

"예전 같지 않네…"

피부는 주름지고 잡티가 늘었으며, 몸은 무겁고 마음은 쉽게 지친다. 하지만 젊음은 사라지는 것이 아니다. 다시 깨울 수 있다.

나 역시 어느 날 작은 습관을 시작했다. 코로나 시대와 함께 찾아온 공황 발작은 내 몸과 마음의 변화를 직면하게 했다. 혼자 견뎌야 하는 시간은 힘들었지만, 결국 그것이 나를 성장시켰다. 남의 이야기가 아니라 나의 이야기가 된 것이다. 가족과 지인의 사랑으로 조금씩 회복되자 새로운 루틴이 자리 잡았다. 에너지가 돌아오자 가장 먼저 한 일은 화장이었다. 거울 속에 다시 피어난 나의 얼굴은 스스로 사랑스럽게 느끼게 했다.

아침마다 복식호흡 세 번, 감사 기도, 미지근한 물 한 잔, 거울 앞 셀프톡, 가벼운 스트레칭, 그리고 화장. 이 작은 습관들이 쌓이며 나는 온전히 나에게 집중할 수 있었다. 혈색 없는 얼굴에 화장을 더하니 생기가 돌았고, 메이크업은 더 이상 남을 위한 일이 아니라 나를 일으켜 세우는 힘이 되었다.

연예인들이 동안으로 빛나는 것도 같은 이유다. 특별한 비밀이 있는 것이 아니라, 자신을 포기하지 않고, 몸과 마음을 꾸준히 돌보며, 세상에 대한 호기심을 유지하기 때문이다.

나이는 숫자에 불과하다. 젊음은 태도의 문제다. 당신도 젊어질 수 있다. 젊음은 멀리 있는 것이 아니라 오늘의 선택 속에 숨어 있다.

화장은 나를 세상 밖으로 이끄는 힘

엄마가 보여준 화장의 의미

내가 어릴 적, 엄마의 화장은 곧 외출을 한다는 신호였다. 카키색 유선전화기를 붙잡고 친구와 한참 통화하다가도, 엄마는 늘 화장을 하고 약속 장소로 나갔다. 나는 혼자 남겨지는 게 싫어 엄마의 화장을 싫어했지만, 엄마는 늘 말했다.

“화장은 인간관계에서의 예의야. 외출이 없어도 자기 관리는 하루의 시작이지.”

그 시절엔 그저 엄마의 자기 합리화처럼 들렸지만, 지금은 알고 있다. 화장은 단순히 꾸밈이 아니라, 자신을 세상으로 내보내는 의식이라는 것을. 나 역시, 메이크업 아티스트가 되어 무대 뒤 수많은 얼굴들을 만나며 깨달았다. 엄마의 영향은 무의식적으로 내 안에 각인되어 있었다. 자기 관리와 화장은 결국 삶을 대하는 태도였다.

엄마의 활력에서 배운 철학

70대 중반의 엄마는 지금도 170cm 큰 키와 곧은 자세로 누구보다 당당하다. 카톡 단체방에서 활발히 소통하고, 동창회 회장으로 은사를 찾아 뵙는다. 여전히 활력과 관계 속에서 살아가는 모습은 연예인 못지않다. 그 비결은 단순하다. 자신만의 가치와 철학을 유지하며, 긍정적이고 선한 영향력을 주려는 마음이다. 나이 들수록 화장은 그 철학을 보여주는 상징이 된다.

"화장은 나의 스토리다"

화장은 얼굴 위의 색이 아니라 나의 이야기를 담는 언어다. 피곤한 날, 립스틱 하나로 생기를 더하고, 중요한 날, 아이섀도로 자신감을 덧입히며, 외출이 없는 날에도 자신을 위해 쿠션으로 피부를 정돈한다.

유행은 돌고 돌아 다시 온다. 매번 새로운 방식으로 믹스매치되며, 화장은 그 시대의 문화를 반영한다. 그래서 화장은 세대를 이어주는 공통 언어가 된다.

나이대별 메이크업의 즐거움

- **10대 :** 설렘으로 시작한다.

화장실에서 몰래 틴트를 바르고, 친구와 글리터를 공유하며 웃는다.
작은 파우치가 세상을 다 가진 듯 느껴진다.

- **20대 :** 유행의 최전선이다.
매 시즌 바뀌는 쿠션, 매달 교체되는 립. 그 속도감이 트렌드를 만든다.

- **30대 :** 균형을 찾는다.
유행을 따라가되, 자기 얼굴에 맞는 것만 고른다.
MLBB 립, 은은한 하이라이터가 주력이다.

- **40대 :** 전략적이다.
잡티는 가리고, 컬러는 절제한다.
그러나 딸의 글리터를 몰래 바르며 설렘을 느끼기도 한다.

- **50대 이후 :** 품위를 즐긴다.
쿠션으로 피부를 정돈하고, 립스틱 하나로 생기를 불어넣는다.
오히려 글로시 립이나 촉촉 쿠션이 시니어 피부에 더 잘 어울린다.

"엄마, 우리 파우치 공유해도 되겠는데요?"

딸이나 손녀가 이런 말을 할 때, 화장이라는 공통의 관심사는 세대를 연결한다.

화장은 세대와 삶을 잇는 언어

화장은 단순히 미모를 위한 장식이 아니다. 집 안의 게으름을 깨우는 마법이고, 세상과 나를 이어주는 발판이며, 마음의 작은 전투복이다. 나이가 들수록 중요한 건 '줄이는 것'이 아니라 나이에 맞게 즐기는 것이다. 10대는 설렘으로, 20대는 유행으로, 30대는 균형으로, 40대는 전략으로, 50대 이후는 당당함으로.

화장은 나를 사랑하는 방식이자, 세상에 나를 내보이는 용기다.

실전 팁 : 시니어를 위한 메이크업 철학

- 저가부터 고가까지 직접 경험해 본 후 자신에게 맞는 브랜드를 정착하라.
- 비싼 제품은 발림성이 좋아 적은 양으로도 자연스러운 표현이 가능하다.
- 매일 '나만의 원포인트'를 정하라: 오늘은 립, 내일은 눈, 모레는 피부.
- 화장은 남을 위한 것이 아니라 나를 위한 즐거움이라는 걸 기억하라.

화장품 지출이 높아질수록 피부 탄력도 올라간다

"피부는 정직하다"

나는 늘 농담처럼 말한다.

"피부는 정직하다. 지갑을 연 만큼 탱탱해진다."

젊었을 땐 이 말을 이해하지 못했다. 세안만 잘하면 충분하다고 생각했고, 마트에서 파는 로션 하나면 끝이라고 믿었다. 하지만 나이가 들고, 사람을 자주 만나고, 카메라 앞에 서야 하는 일이 많아지면서 깨달았다. 피부는 절대 속일 수 없다.

투자와 수익률의 비밀

한 번은 큰맘 먹고 고가의 세럼을 샀다. 가격표 앞에서 손이 떨렸지만, 며칠 쓰고 나니 지인들이 말했다.
"피부가 왜 이렇게 쫀쫀해졌어? 얼굴이 빛이 나네."

그 순간 알았다. 이게 바로 화장품 투자 수익률이라는 걸.

방송국에서 본 사례도 비슷하다. 배우 전지현은 평소에도 기초 제품을 꼼꼼히 챙긴다고 알려져 있다. <피부가 곧 재산>이라는 말이 과장이 아님을 증명한다. 또, 한 남자 아나운서의 파우치에는 고가의 쿠션과 세럼, 크림이 가득했다. 그는 웃으며 말했다.

"이건 제 방송 보험 같은 거예요."

그리고 그의 피부는 정말 보험이 보장해 주듯 매끈했다.

"소비가 아닌 자기 존중"

내 경험상, 화장품은 단순한 소비가 아니다. 자기 존중의 표현이다. 값비싼 아이크림을 바를 때 느끼는 자신감 거울 속 탄력 있는 피부가 주는 뿌듯함. 이것은 돈으로 환산할 수 없는 가치다. 그래서 나는 시니어 고객들에게 종종 이렇게 말한다.

"가격이 부담된다고요? 그래도 내 피부는 나를 배신하지 않아요. 한 번 제대로 투자해 보세요. 얼굴이 먼저 웃습니다."

지갑과 피부의 교환

결국, 화장품에 지출하는 금액이 올라갈수록 피부 탄력이 올라간다는 말은 반은 농담이고, 반은 진실이다. 나는 오늘도 지갑을 열며 속삭인다.

"지갑은 얇아졌지만, 피부는 탱탱해졌다. 이건 손해가 아니라 교환이다."
화장품 지출은 단순히 돈을 쓰는 게 아니다. 자신감과 젊음을 사는 투자이자, 스스로를 존중하는 가장 직접적인 방법이다.

시니어를 위한 화장품 투자 원칙 3가지

1. 기초에 투자하라

- 세럼, 크림, 아이크림 같은 기초 제품이 피부의 80%를 책임진다.
- 색조 화장보다 피부 건강을 지키는 기초 관리가 먼저다.

2. 적은 양, 좋은 제품

- 값싼 제품을 여러 개 바르는 것보다, 고품질 제품을 적은 양 쓰는 게 더 효율적이다.
- 발림성이 좋은 고가 제품은 오히려 소량으로도 충분한 효과를 준다.

3. 꾸준함이 곧 탄력

- 비싼 제품을 사놓고 쓰지 않으면 아무 소용 없다.
- 매일 같은 시간, 같은 루틴으로 바르는 꾸준함이 진짜 투자 수익률을 만든다.

연예인이 사랑하는 메이크업 아이템

“시니어 스타의 인생템 파우치 이야기”

1. 김혜수 – 레드립 하나로 완성되는 카리스마

김혜수의 뷰티 철학은 단순하다.

“피부는 깨끗하게, 입술 하나로 모든 걸 말한다.”

강렬한 레드립 하나만으로도 분위기를 완전히 바꿔내는 그녀는, 미니멀 하지만 압도적인 존재감을 증명한다. 립 하나로 전장을 준비하는 듯한 그 힘. 그것이 바로 김혜수의 시그니처다.

- 출처 AI

2. 최화정 – 피부 건강을 빛내는 광채 베이스

최화정은 메이크업을 피부 건강의 연장선으로 본다. 에뛰드 님프 광채 볼류머 + 텐스 클린 모먼트 컨실러를 섞어 은은한 광채 베이스를 구성하고, 프란츠 선크림 & Te 초록35 선쿠션을 조합해, 자외선 차단과 톤업을 완성한다.

이 루틴 덕분에 스튜디오 조명 앞에서도 당당하다. 그녀의 자신감은 잡티를 가리고 빛을 더하는 작은 습관에서 나온다.

- 출처 AI

3. 박준금 – 클렌징으로 지켜낸 피부력

박준금은 색조보다 세정 습관을 우선한다.

“화장 꼼꼼히 못 지우면 트러블이 따라오죠. 지금 당장 이 클렌저로 확실히 닦아보세요!"

그녀의 인생템은 다름 아닌 클렌저. 매일 꼼꼼한 클렌징이야말로 동안 피부의 가장 탄탄한 비결이다.

- 출처 AI

연예인들의 공통 아이템

방송국에서 만난 수많은 연예인들의 파우치에는 차이가 있어도 공통점이 있었다.

- 선크림 : 햇볕과 조명으로부터 피부를 지키는 첫 번째 무기
- 쿠션 : 빠르고 간편하게 피부 톤을 정리
- 립밤 · 립스틱 : 생기와 표정의 활력
- 손거울과 클렌징 티슈 : 즉각적인 관리와 마무리

그들에게 피부 관리는 선택이 아니라 필수였다. 건강하고 젊어 보이는 이미지는 결국 피부 상태에서 결정되기 때문이다.

"당신의 파우치도 점검하라"

메이크업은 나이를 감추기 위한 사치가 아니다. 오늘 하루의 나를 표현하는 방식, 그리고 마음의 체력이다. 오늘 거울 앞에서 당신의 파우치를 열어보라.

썬크림이 있는가?
립스틱이나 립밤은 챙겼는가?
쿠션과 클렌저가 준비되어 있는가?

이 작은 준비가 당신을 더 젊고 당당하게 만든다.

"파우치를 점검하는 순간, 젊음도 점검된다."

트렌드 메이크업과 MZ세대 친구는 덤

내 직업은 늘 사람을 만나고, 변화를 이끌어 내는 일이었다. 사람들 앞에 서야 했고, 때로는 카메라 앞에도 서야 했다. 50대가 넘어가면서 거울 속에선 '나이 듦'이 먼저 보였다. 하지만 직업 경험이 나를 지탱했다. 나는 메이크업이 단순히 외모를 바꾸는 기술이 아니라, 마음을 일으켜 세우는 힘이라는 걸 알게 되었기 때문이다.

주말마다 호텔 웨딩 메이크업 아르바이트를 하며, 다양한 고객을 만난 적이 있다. 신랑·신부의 부모님으로 온 60~80대 남성들, 그리고 소수지만 20~30대 고객도 있었다. 흥미로웠던 건, 연령은 달라도 메이크업과 스타일링이 주는 자신감의 변화는 모두 같았다는 사실이다. 더욱 놀라운 것은 이런 순간들이 자연스레 세대를 연결해 준다는 점이다. 나이와 상관없이 '멋을 낸다'는 공통 경험 속에서 우리는 친구처럼 대화할 수 있었다. 메이크업은 직업의 연장선이었지만, 동시에 삶을 이어주는 언어였다. 그리고 그 언어는 세대를 넘어 서로를 이해하고 연결하는 다리가 되어주었다.
『메이크업은 단순한 꾸밈이 아니라, 세대를 잇는 대화의 언어다.』

잡티는 최대한 빨리 제거할수록 20년 젊어진다

"얼굴의 진짜 나이를 드러내는 건 주름이 아니다"

나는 직업 덕분에 수많은 얼굴을 가까이서 본다. 그 과정에서 깨달은 사실은 의외였다. 얼굴에서 가장 먼저 나이를 드러내는 건 주름이 아니라 잡티다. 주름은 웃음과 함께 깊어지는 흔적이라 오히려 멋이 될 수 있다. 하지만 잡티는 다르다. 조명 아래서도, 사진 속에서도 얼굴을 칙칙하게 만들고, 나이보다 더 피곤해 보이게 한다.

"잡티를 지운 순간, 20년은 젊어진다"

60대 초반의 한 고객이 말했다.

"선생님, 저도 마음은 서른인데, 얼굴만 보면 나이가 너무 배신하는 것 같아요."

그분의 피부엔 오래 쌓인 잡티가 퍼져 있었다. 나는 피부 관리 루틴과 함께 잡티 케어를 최우선으로 권했다.

"잡티만 줄여도 최소 10년, 아니 20년은 젊어 보이실 거예요."

두 달 뒤, 그녀는 환해진 얼굴로 웃으며 이렇게 말했다.

"선생님, 저 다시 소개팅해도 되겠어요?"

잡티가 사라지자 단순히 피부만 달라진 게 아니라, 자신감이 먼저 되살아났다. 이처럼 동안의 지름길은 조기 관리다. 나는 이 일을 하면서 확신하게 되었다. 주름은 세월의 멋으로 남겨도 괜찮다. 잡티는 방치할수록 진해지고 얼굴 전체의 인상을 무겁게 만든다. 잡티 관리를 위한 3대 기본은 단순하다.

- 매일 선크림 바르기
- 미백 세럼·비타민C 케어 습관화
- 초기부터 관리 시작하기

MZ세대에게 배우는 잡티 예방 습관

요즘 MZ세대는 벌써부터 예방 관리의 중요성을 알고 있다. 햇볕이 강하지 않은 날에도 선크림을 챙기고, 세안 후에는 비타민C 세럼이나 미백 앰플을 바른다. 단순히 예뻐 보이기 위해서가 아니라, '나중에 후회하지 않기 위해서' 미리 투자하는 것이다.

그들의 습관을 가까이서 보며 나는 깨달았다. 젊음을 지키는 비결은 거창한 시술이 아니라, 매일의 작은 습관 속에 숨어 있다는 사실이다. 선크림을 바르는 1분, 세럼을 두드리는 30초, 물을 충분히 마시는 단순한 행동들이 쌓여서 10년, 20년 뒤의 얼굴을 완전히 달라지게 만든다. 결국, 동안의 진짜 비밀은 예방과 꾸준함이다. 시니어가 된 지금도 늦지 않았다. 오늘부터라도 선크림을 바르고, 나만의 루틴을 정해 지켜간다면, "나는 여전히 젊음을 관리할 수 있다"는 자신감을 얻게 될 것이다.

시니어가 당장 시작할 수 있는 예방 습관 3가지

1. 매일 선크림 바르기

- 흐린 날, 실내 조명 아래서도 필수
- 자외선은 잡티와 주름의 가장 큰 원인

2. 비타민C 세럼 · 미백 케어 습관화

- 아침 · 저녁 30초 투자로 피부 톤을 환하게
- 잡티 예방과 피부 재생의 기본 루틴

3. 충분한 수분 섭취 & 수면 관리

- 하루 1.5 ~ 2L 물, 7시간 숙면
- 피부와 면역력, 에너지 회복의 핵심 습관

작은 습관이 큰 차이를 만든다. 오늘부터 이 세 가지만 지켜도, 10년 뒤의 당신 얼굴은 지금보다 더 젊어 보일 것이다.

잡티 관리 = 마음 관리

나는 시니어 고객들에게 이렇게 말한다.

"잡티를 없애는 순간, 피부뿐 아니라 마음까지 20년 젊어진다고요."

거울 앞에 설 때마다 우리는 지난 세월을 지울 수는 없다. 하지만 잡티만큼은 분명히 지울 수 있다. 피부 위 작은 점 하나를 지운다고 해서 단순히 외모만 달라지는 것이 아니다. 얼굴이 맑아지면 미소가 더 환해지고, 미소가 밝아지면 태도와 대화가 달라진다. 결국 잡티 제거는 자신감 회복의 시작점이 된다. 작은 관리가 쌓이면, 사람들은 달라진 당신을 금세 알아본다.
"얼굴이 환해지셨네요."
"예전보다 더 활기차 보이세요."

이런 한마디가 마음의 에너지를 채우고, 다시 새로운 도전을 할 힘을 준다. 잡티 관리란 결국 피부 관리가 아니라, 마음을 젊게 만드는 관리다. 맑은 얼굴은 나이보다 젊은 인상을 주고, 젊은 마음은 인생 2막을 더 당당하고 빛나게 한다.

『잡티를 지우는 순간, 당신의 얼굴뿐 아니라 인생 전체가 다시 빛난다.』

여자보다 남자가 더 예쁜 시대

무대와 방송 현장에서 나는 종종 놀라곤 한다.

“여자야, 남자야?”

순간적으로 헷갈릴 정도로 여자보다 더 예쁜 남자, 더 멋진 남자들이 많아졌기 때문이다. 요즘 남자들은 화장을 능숙하게 한다. 한 방송국에서 본 남자 아나운서는 짧은 시간 안에 쿠션으로 피부 톤을 정리하고, 컨실러로 다크서클을 가리며, 눈썹을 다듬고 립밤까지 매끄럽게 바르는 모습을 보여주었다. 그 손길은 웬만한 뷰티 유튜버 못지않았다. 나는 그 순간 감탄하며 속으로 중얼거렸다.

“저 정도면 뷰티 강사로 나서도 되겠는데?”

실제로 방송 현장에서 만나는 남자 아나운서들은 여성보다 피부 관리에 더 철저하다. 화면에 잡티 하나만 잡혀도 바로 드러나기 때문이다. 그래서 선크림은 기본, 파운데이션 색상만 해도 세 가지 이상을 갖추고, 상황에 따라 섞어 쓰는 세심함을 보인다. 여성 출연자들이 그들의 파우치를 보고 “이건 내 화장대보다 종류가 더 많네!”라며 웃는 장면도 자주 본다.

내가 경험을 통해 깨달은 건 명확하다. 화장은 이제 성별의 문제가 아니라 프로페셔널의 기본 도구라는 사실이다. 남자 아나운서들에게 화장은 자기표현이자, 신뢰의 장치다. 피부가 정돈돼야 시청자가 말의 내용에 집중할 수 있기 때문이다. 이런 경험을 토대로 나는 시니어들에게 이렇게 조언한다.

"남자도 이제는 화장하는 시대입니다. 아나운서처럼 과하지 않아도, 쿠션 하나, 립밤 하나만 챙겨도 얼굴에 생기가 살아나요."

한 번은 중년 남성 고객이 "남자가 무슨 화장이에요. 부끄럽게…"라고 말했지만, 내가 가볍게 쿠션을 두드려 주자 거울 속 달라진 얼굴을 보고 웃으며 말했다.

"어라, 나도 화면에 나올 수 있겠는데요?"

화장은 더 이상 여성의 전유물이 아니다. 남자 아나운서들이 보여주듯, 화장은 자기 관리이자, 일과 삶의 무대에서 빛을 내는 장치다. 그리고 그것은 우리 시니어 세대에게도 분명히 필요한 무기다. 오늘 거울 앞에서 이렇게 다짐해 보자.

『화장은 여성의 특권이 아니다. 시대를 사는 모든 이의 무기다.』

CHAPTER
03

50세부터는 헤어스타일로 20년 젊어진다

CHAPTER 03

50세부터는 헤어스타일로 20년 젊어진다

얼굴의 V라인을 위한 두피 관리

거울 앞에서 머리를 쓸어 올려본 적이 있는가?
순간적으로 얼굴이 한층 가벼워 보이고, 턱선이 또렷해지는 걸 느낄 수 있다.
우리가 흔히 '리프팅'이라고 부르는 효과가 사실은 두피에서 시작된다는 사실을 아는 사람은 많지 않다.

두피는 얼굴 피부와 연결된 캔버스와 같다. 캔버스가 탄탄해야 그림이 오래가듯, 두피가 건강해야 얼굴도 탄력이 유지된다. 즉, 처진 두피는 곧 처진 얼굴선으로 이어지고, 관리된 두피는 또렷한 V라인을 만들어주는 숨은 무기다.

두피 관리가 만드는 V라인 효과

- 혈액순환 촉진 → 두피 마사지는 얼굴 혈류를 개선해 안색을

맑게 한다.

- 근육 리프팅 → 두피를 지탱하는 근육을 풀어주면 광대와 턱선까지 자연스럽게 당겨진다.
- 탄력 강화 → 모근이 튼튼해지면 머리숱은 풍성해지고, 얼굴은 작아 보인다.

결국 헤어스타일은 단순한 외형 변화가 아니라, 얼굴 윤곽과 동안 이미지를 다시 디자인하는 작업이다.

집에서도 쉽게 하는 셀프 두피 관리법

1. **두피 지압 마사지 :** 샴푸할 때 손가락 마디로 두피를 꾹꾹 눌러준다.
2. **따뜻한 타월 팩 :** 전자레인지에 데운 수건을 머리에 감싸 혈액순환을 촉진한다.
3. **브러싱 케어 :** 정수리에서 귀 뒤, 목선까지 부드럽게 빗어 내려주면 자연스러운 리프팅 효과.
4. **두피 전용 에센스 :** 피부에 스킨을 바르듯, 두피에도 보습과 영양이 필요하다.

시니어 연예인 사례 – 윤여정 배우

배우 윤여정은 늘 자연스러운 헤어스타일 속에서도 건강한 두피와 풍성한 볼륨감을 유지하는 것으로 유명하다. 그녀는 한 인터뷰에서 이렇게 말했다.

"헤어스타일은 나를 가장 자연스럽게 보여주는 무기다."

두피가 건강해야 머리카락의 탄력이 살아나고, 그 결과 얼굴까지 젊고 또렷해진다. 그녀의 모습은 나이를 품은 아름다움이지만, 꾸준한 관리 습관이 있기에 언제나 기품 있는 동안 이미지로 빛난다.

당신에게 주는 메시지

50대 이후의 젊음은 머리카락과 두피에서 먼저 드러난다. 오늘 머리를 감으며 두피를 마사지해 보라. 내일 아침 거울 속의 당신은 턱선이 또렷하고, 표정이 밝아진 새로운 얼굴로 미소 짓고 있을 것이다.

『두피 관리 하나로, 얼굴의 20년을 되돌릴 수 있다.』

페이스라인을 활용한 동안 스타일

연예인과 일반인들을 대상으로 헤어스타일링을 하면서 느낀 동안 스타일의 차이점은 단순했다.

"용기가 있느냐, 없느냐."

연예인들은 늘 새로운 것을 시도하고, 변화하는 과정을 즐긴다. 반면, 일반인들은 익숙함에 머무르며 변화 앞에서 망설인다. 그러나 일반인들 중에서도 충분히 멋지게 변신하는 사람들이 많다. 결국 모든 변화의 시작은 용기와 받아들이는 자세다.

헤어스타일링으로 만드는 동안 페이스라인

50대 이후 얼굴선이 흐려지고 턱선이 무너진다고 해서 동안 이미지를 포기할 필요는 없다. 헤어스타일만 잘 선택해도 얼굴 윤곽을 살려 10~20년 젊어 보이는 스타일을 완성할 수 있다. 사실 얼굴의 V라인과 헤어스타일은 뗄 수 없는 관계다. 머리카락이 얼굴을 감싸는 방식, 볼륨을 주는 위치만 달라져도 얼굴형은 보정되고 동안 이미지는 살아난다.

시니어를 위한 동안 헤어스타일링 팁

• 턱선을 살리는 단발
턱선을 따라 레이어를 준 단발은 얼굴을 갸름하고 세련되게 보이게 한다.
정수리 볼륨을 살려 옆으로 퍼지게 하면 얼굴이 작아 보이는 효과도 있다.

• 사선 앞머리로 얼굴 길이 조절
긴 얼굴형은 사선 앞머리로 부드럽게 커버한다.
짧은 얼굴형은 가르마를 옆으로 틀어 갸름한 인상을 만든다.

• 레이어드 컷과 볼륨
턱선을 따라 가볍게 레이어를 넣어 턱선을 살린다.
뿌리에 볼륨을 주면 자연스러운 V라인 효과가 난다.

• 컬을 활용한 얼굴 보정
C컬이나 S컬 웨이브로 턱과 볼 주변에 흐름을 주면,
처진 볼살을 커버하고 동안 이미지를 완성할 수 있다.

시니어 연예인 사례 – 최화정

최화정은 60대에도 여전히 동안 이미지로 사랑받는다. 그 비결 중 하나가 바로 페이스라인을 살리는 헤어스타일링이다.

턱선과 어깨를 부드럽게 감싸는 단발
정수리 볼륨을 살린 레이어드 컷
자연스러운 웨이브와 사선 앞머리

이 조합만으로 얼굴이 갸름하고 생기 있어 보인다. 그녀는 인터뷰에서 이렇게 말했다.

"머리 하나 바꿔도 얼굴이 달라 보인다. 헤어스타일이 곧 나의 동안 비결이다."

헤어스타일로 20년 젊어지는 법

시니어가 동안 이미지를 만들고 싶다면, 페이스라인을 살리는 헤어스타일을 고려해야 한다. 머리카락의 레이어, 볼륨, 컬, 앞머리 각도만 조금 조정해도 턱선이 살아나고 얼굴 전체가 갸름해진다. 오늘 거울 앞에서 가볍게 손질해 보라. 그 순간, '머리 하나로 20년 젊어졌다'는 성취감을 느낄 수 있을 것이다. 페이스라인을 살리는 헤어스타일링은 시니어에게 가장 간단하면서도 확실한 동안 비법이다.

시니어를 위한 동안 헤어 관리 체크리스트

1. 정기적인 커트로 윤곽 살리기
   - 6~8주마다 머리를 다듬어야 얼굴선을 또렷하게 유지할

수 있다.
- 길게 방치하면 턱선이 무너져 나이 들어 보인다.

2. 두피 건강 먼저 챙기기
- 두피 마사지는 혈액순환을 도와 얼굴 윤곽을 리프팅한다.
- 두피가 건강해야 볼륨과 윤기가 살아난다.

3. 컬러 관리로 생기 더하기
- 자연스러운 톤업 컬러나 하이라이트는 얼굴빛을 밝게 만든다.
- 흰머리를 단순히 감추는 것보다, 피부 톤과 어울리는 색상을 선택하는 것이 핵심.

4. 볼륨 스타일링 습관화
- 뿌리 볼륨은 얼굴을 작고 갸름하게 보이게 한다.
- 드라이어, 롤 브러시, 볼륨 스프레이를 활용해 매일 5분만 투자해도 효과적이다.

전문가의 도움을 받자

50대가 되면 피부 관리도 중요하지만, 얼굴선을 살리는 헤어스타일이 훨씬 큰 차이를 만든다. 머리카락과 얼굴선의 관계는 생각보다 깊다. 볼륨 없는 머리는 얼굴을 넓어 보이게 하고, 무거운 스타일은 턱선을 무너뜨린다. 반대로, 얼굴선을 살려주는 헤어스타일은 실제 나이보다 훨씬 젊어 보이게 만든다. 걱정할 필요는 없다. 전문가의 도움과 집에서 할 수 있는 작은 관리만

조합해도, 누구나 10~20년은 젊어 보이는 동안 이미지를 만들 수 있다.

전문가에게 받는 컨설팅과 시술

- 맞춤 커트 : 얼굴형과 두상에 맞춘 레이어드, 단발, 사선 앞머리로 V라인을 강조
- 두피 · 모발 관리 : 볼륨 업 트리트먼트, 두피 마사지, 영양 케어로 머리 뿌리부터 탄탄하게
- 전문 컬 · 웨이브 : C컬, S컬, 소프트 웨이브로 얼굴선을 감싸 처진 볼살과 턱선을 커버

시니어가 스스로 할 수 있는 관리법

- 두피 마사지 : 샴푸 시 손가락 마디로 정수리부터 뒤통수까지

원형으로 눌러준다.

- 볼륨 브러싱 : 드라이 시 뿌리를 들어 올려 자연스러운 볼륨 만들기
- 간단 웨이브 : 헤어롤이나 고데기로 얼굴선을 따라 C컬·S컬 넣기
- 영양 공급 : 두피 전용 에센스나 트리트먼트로 모근을 강화

이 네 가지만 꾸준히 해도 턱선이 살아나고, 얼굴 전체가 갸름해 보이는 동안 효과를 얻을 수 있다.

50대 이후의 동안 이미지는 화장이나 스킨케어만으로 완성되지 않는다. 헤어스타일, 두피, 모발 관리가 얼굴선을 살리고 젊음을 유지하는 결정적 비밀이다. 전문가에게 맞는 스타일을 찾아 상담받고, 집에서는 두피 마사지와 볼륨 드라이로 꾸준히 관리하라. 그러면 거울 속 당신의 턱선은 또렷해지고, 20년은 젊어진 동안 스타일이 완성될 것이다.

시니어가 헤어 전문가에게 반드시 물어야 할 3가지 질문

"제 얼굴형과 두상에 가장 잘 맞는 스타일은 무엇인가요?"

⇒ 나에게 어울리는 헤어스타일을 찾는 첫 단계는 객관적인 진단이다. 전문가의 눈으로 얼굴 윤곽, 두상, 피부 톤까지 고려한 '맞춤 스타일'을 추천받아야 한다.

"볼륨을 오래 유지하려면 어떤 관리법이 필요할까요?"

⇒ 시술 후 하루 이틀은 괜찮지만, 시간이 지나면 금세 무너진

다면 관리법이 부족한 것이다. 드라이 방법, 홈 케어 제품, 두피 마사지 방법까지 꼼꼼히 물어야 한다.

"집에서 제가 쉽게 따라 할 수 있는 루틴은 무엇인가요?"
⇒ 전문가의 손길은 잠깐이지만, 집에서의 습관이 진짜 동안을 만든다. 매일 5분, 주 2회, 한 달 루틴 등 '실천 가능한 관리법'을 구체적으로 요청해야 한다.

헤어스타일링은 비언어적 감정 표현이다

나이가 들수록 우리는 말보다 보이는 것으로 감정을 전하는 순간이 많아진다. 웃음, 눈빛, 그리고 헤어스타일이 바로 그것이다. 머리카락 하나하나에 기분이 담기고, 스타일에 하루의 분위기가 스며든다. 기분이 상쾌할 땐 정수리 볼륨을 살려 산뜻하게, 차분할 땐 턱선을 따라 깔끔한 단발로 마음을 표현한다. 헤어스타일은 말 없는 언어다. 옆 사람은 내가 웃는 이유를 몰라도, 머리카락이 주는 분위기만으로 '오늘은 자신감 있어 보인다' 혹은 '오늘은 차분하구나'라는 메시지를 읽는다.

감정을 전하는 헤어스타일

- 자신감 표현 : 볼륨을 살린 단발, 레이어드 컷은 "나는 당당하다"는 신호다.
- 차분함과 안정감 : 깔끔하게 묶은 포니테일, 어깨 위로 자연스럽게 떨어지는 긴 머리는 마음의 평온을 보여준다.
- 재미와 활기 : 웨이브, 컬, 작은 액세서리는 "나는 오늘 유쾌

하고 즐겁다"는 언어다.

50대 이후의 헤어스타일링은 단순한 미용이 아니다.
그것은 비언어적 감정 표현이며, 나를 보는 사람들에게 '나는 어떤 기분으로 오늘을 사는가'를 알려주는 신호다.

"모발은 당신의 건강 신호다"

나는 수많은 사람의 머리카락을 만지면서 늘 느낀다. 모발은 단순한 장식이 아니라 건강을 보여주는 거울이다. 윤기 있고 탄력 있는 모발은 몸이 건강하다는 증거다. 반대로 빠지거나 가늘어진 모발은 스트레스, 영양 불균형, 호르몬 변화를 알린다. 윤기가 없으면 수분과 단백질이 부족하다는 의미고, 잘 끊어지는 모발은 장기 건강이나 노화 신호일 수 있다. 즉, 모발은 우리 몸과 마음의 건강을 읽는 창이며, 관리하지 않으면 경고음을 보내는 민감한 센서다.

시니어가 실천할 수 있는 모발 건강 관리법

- 영양과 수분 챙기기 : 단백질 · 비타민 · 오메가3를 섭취하고, 하루 1.5L 이상의 물을 마신다.
- 두피 마사지와 혈액순환 : 샴푸할 때 손끝으로 정수리부터 목선까지 원을 그리듯 마사지한다.
- 열과 화학 시술 최소화 : 잦은 펌, 염색, 고데기를 줄이고, 보호제를 사용한다.
- 정기적 전문가 관리 : 두피 진단, 영양 케어, 모발 강화 시술로 문제를 예방한다.

시니어 연예인 사례 – 박준금

박준금 배우는 60대에도 건강한 모발과 탄력 있는 헤어스타일로 활력 있는 이미지를 보여준다. 그녀의 비결은 정기적인 두피 관리와 전문가의 손길, 그리고 자연스러운 볼륨과 윤기를 지키는 습관이다. 그녀의 모발은 단순한 미용이 아니라, 몸과 마음이 건강하다는 신호다.

머리카락 하나하나를 돌보는 습관은 단순히 예뻐 보이기 위한 것이 아니다. 모발은 내 몸과 마음의 건강을 알려주는 신호이며, 그 신호에 귀 기울이는 순간 50대 이후에도 건강하고 생기 있는 동안 이미지를 지킬 수 있다.
『건강한 모발이 곧 건강한 나다.』

좋은 샴푸와 제품을 선택하자

머리를 감는 일은 단순한 위생이 아니라 하루의 피로를 씻어내는 작은 의식이다. 그런데 우리가 무심코 쓰는 샴푸와 헤어 제품이 사실은 모발 건강과 젊음의 운명을 좌우하는 열쇠라는 사실을 아는 이는 많지 않다.

젊을 땐 아무 샴푸를 써도 큰 차이를 못 느낀다. 그러나 50 이후부터는 두피가 예민해지고, 모발이 가늘어지며 윤기가 사라진다. 이 시기에 좋은 제품을 선택하는 습관이야말로 나이보다 젊어 보이는 비밀이 된다.

"왜 좋은 샴푸가 중요한가?"

• 두피는 피부의 연장선

얼굴에 맞지 않는 화장품이 트러블을 만들 듯, 두피에 맞지 않는 샴푸는 탈모·가려움·비듬을 불러온다.

• 모발은 결과물, 두피는 뿌리

윤기 있고 건강한 머릿결은 결국 두피가 얼마나 깨끗하고 튼튼한가에 달려 있다.

• 성분의 힘

실리콘 위주의 샴푸 대신, 단백질, 아미노산, 천연 오일이 함유된 제품은 모발 속까지 영양을 채운다.

시니어들이 기억해야 할 선택 기준

• 두피 타입 맞춤 : 건성·지성·민감성에 따라 제품을 구분한다.

• 성분 꼼꼼히 확인 : 화학 성분보다 식물성 추출물, 단백질, 보습 성분 위주.

- 제품 다양화 : 샴푸 하나로 끝내지 말고 두피 에센스, 트리트먼트, 영양팩을 병행한다.
- 전문가 상담 : 미용실·두피 클리닉에서 정확한 진단을 받고 제품을 고른다.

시니어 연예인 사례 – 박준금

박준금 배우는 60대에도 윤기 있고 볼륨 있는 헤어스타일로 늘 주목받는다. 비결은 단순하다. 두피에 맞는 샴푸와 제품을 꼼꼼히 선택하는 것. 촬영이 잦아 잦은 스타일링을 해야 하지만, 좋은 샴푸와 에센스로 관리해 항상 건강한 이미지를 유지한다. 그녀의 모발은 단순한 스타일을 넘어, '나는 여전히 활력 있고 당당하다'는 메시지를 전한다.

샴푸와 헤어 제품은 단순한 소모품이 아니다. 그것은 당신의 두피와 모발을 지켜주는 건강 파수꾼이다. 오늘 거울 앞에서 머리를 빗으며 이렇게 다짐해보자.
"내 머릿결은 내가 고른 샴푸만큼 젊어진다."

좋은 제품을 선택하는 작은 습관이, 당신을 10년, 아니 20년 더 젊어 보이게 만들 것이다.

샴푸 자가 진단 체크리스트

- ☐ 두피 타입을 확인했는가?
- ☐ 건성, 지성, 민감성 중 나의 두피에 맞는 샴푸를 쓰고 있는가?
- ☐ 성분을 꼼꼼히 보았는가?
- ☐ 실리콘, 합성 향료, 강한 계면활성제가 아닌 단백질 · 아미노산 · 식물성 오일 위주인가?
- ☐ 사용 후 두피 상태는 어떤가?
- ☐ 가렵거나 땅김이 느껴지지 않고, 사용 후 개운하고 촉촉한가?
- ☐ 모발의 변화가 보이는가?
- ☐ 머리카락이 덜 끊어지고, 윤기와 탄력이 살아나는가?
- ☐ 보조 제품을 병행하고 있는가?
- ☐ 샴푸 하나로 끝내지 않고, 두피 에센스 · 트리트먼트 · 영양팩으로 관리하고 있는가?

오늘 샴푸를 고를 때 이 다섯 가지를 스스로에게 물어보라. 체크 한 줄이 당신의 머릿결을 10년 젊게 만들 수 있다.

좋은 빗으로 빗질을 자주하자

어릴 적 어머니는 늘 말씀하셨다.

"머리는 하루에 백 번은 빗어야 윤기가 난다."

그 말은 단순한 잔소리가 아니었다. 나이가 들수록 빗질은 머리를 정돈하는 행위가 아니라, 두피 건강과 동안 이미지를 지켜주는 가장 쉬운 셀프 케어가 된다.

빗질의 숨은 효과

- 두피 혈액순환
  좋은 빗으로 정수리에서 목덜미 방향으로 빗으면 두피 모세혈관이 자극되어 혈류가 활발해진다. 이는 건강한 모발이 자라나는 밑거름이 된다.
- 피지와 윤기 전달
  두피에서 나온 자연스러운 유분이 모발 전체로 퍼져 머리카락 끝까지 윤기와 보습을 더한다.
- 스트레스 완화
  규칙적인 빗질은 두피 마사지를 대신해 긴장을 풀어주고 마음을 안정시킨다.

"어떤 빗이 좋은가?"

- 천연 소재 빗 : 돼지털·나무 빗은 정전기를 줄이고 두피 자극이 적다.
- 빗살 간격이 넓은 빗 : 가늘어진 모발이 엉키지 않도록 부드럽게 풀어준다.
- 쿠션 브러시 : 두피를 부드럽게 자극해 마사지 효과가 탁월하다.

시니어 연예인 사례 - 김성령

김성령 배우는 50대가 훌쩍 넘었음에도 여전히 동안 미모와 풍성한 헤어로 주목받는다. 그녀의 관리 비법 중 하나는 규칙적인 빗질 습관이다. 촬영 전후로 좋은 브러시로 두피를 부드럽게 마사지하듯 빗으며 모발에 윤기를 더한다. 그 결과, 그녀의 머릿결은 단순한 미용이 아니라, '나는 여전히 활기차고 당당하다'라는 메시지를 전한다.

셀프 케어 팁

- 아침 · 저녁 하루 두 번, 거울 앞에서 천천히 빗질하기
- 빗질 방향은 정수리 → 귀 옆 → 목덜미 순서로 진행
- 빗은 정기적으로 세척해 위생 관리하기

"좋은 빗은 단순한 도구가 아니다"

그것은 두피와 모발, 나아가 나의 건강과 젊음을 지켜주는 작은 투자다. 오늘 밤, 잠자리에 들기 전 빗을 들고 천천히 머리를 쓸어내려 보라. 빗살을 따라 흐르는 부드러운 자극 속에서, 당신의 모발은 다시 생기를 되찾고, 얼굴선은 한층 또렷해질 것이다.

두상을 알면 스타일링의 절반은 끝난다

살아오면서 '얼굴형'은 자주 들어봤지만, 정작 두상에 대해 깊이 생각해본 적은 드물다. 그러나 전문가들은 늘 말한다.

"두상을 알면 스타일링의 절반은 끝난다."

머리카락은 결국 두상 위에 지어진 건축물과 같다. 건물의 구조를 이해하지 못하면, 아무리 화려한 장식을 올려도 어색해지듯, 두상을 이해하지 못하면 헤어스타일도 한계가 생긴다.

두상에 따라 달라지는 스타일

- 둥근 두상
  정수리 볼륨을 살리면 얼굴이 길어 보이고 세련된 인상이 된다.
- 긴 두상
  옆 볼륨을 강조하면 균형이 잡혀 훨씬 안정적이고 어려 보인다.
- 편평한 뒷머리
  뒷머리에 층을 주거나 펌으로 볼륨을 살리면 뒷모습까지 당당해진다.
- 각진 두상
  부드러운 웨이브나 레이어드 컷으로 라인을 완화하면 여성스러움이 살아난다.

시니어 연예인 사례 - 윤여정 배우

윤여정 배우는 두상의 특징을 잘 살려 늘 자신만의 스타일을 유지한다. 머리를 기르기보다, 두상에 맞는 길이와 볼륨을 유지하면서 단정하고 세련된 이미지를 만든다. 그 결과, 나이를 넘어선 지적이고 젊은 이미지를 보여준다. 자신의 두상을 아는 것은 가장 자연스럽고 편안한 아름다움의 비결이 된다.

셀프 체크 & 케어 팁

- 거울 앞에서 머리를 쓸어 넘기고 두상의 형태를 관찰한다.
- 옆·뒤 라인이 평평하다면 뿌리 볼륨 펌을 고려한다.
- 스타일링 전, 두피 에센스나 볼륨 스프레이를 활용해 뿌리부터 살린다.
- 전문가 상담을 통해 '나만의 두상 스타일 차트'를 만들어본다.

50세 이후의 스타일링은 얼굴뿐 아니라 두상까지 관리 대상이 된다. 두상을 이해하면 거울 속 모습이 달라지고, 머리 모양 하나만으로도 20년은 젊어진 듯 당당해진다. 빗을 들기 전, 먼저 거울 속 두상을 살펴보라. 그 순간, 스타일링은 훨씬 쉬워지고, 당신의 동안 이미지는 한층 선명해질 것이다.

당신의 베스트 헤어 컬러를 찾자

나이가 들수록 헤어 컬러는 단순한 멋이 아니다. 그것은 얼굴을 밝히고, 인생을 젊게 만드는 개인 조명과 같다. 같은 옷, 같은 화장을 해도 머리색 하나로 사람이 완전히 달라 보이는 이유가 바로 여기에 있다.

"왜 베스트 컬러가 중요한가?"

• 피부 톤과 조화
  너무 어두우면 칙칙해 보이고, 너무 밝으면 인위적이다.
  나에게 맞는 컬러는 피부를 환하게 살려준다.

• 동안 효과
  잘 고른 컬러는 주름과 잡티를 은근히 가려주는 소프트 필터 역할을 한다.

• 이미지 메이킹
  컬러 하나로 세련됨, 우아함, 발랄함까지 자유롭게 연출할 수 있다.

시니어 연예인 사례 – 김성령 배우

김성령 배우는 60대에도 트렌디하고 세련된 이미지를 유지한다. 그 비밀 중 하나는 밝고 화사한 브라운 계열이다. 짙은 블랙 대신, 자연스러운 브라운과 골드브라운을 섞어 사용해 피부가 환해 보이고, 주름은 덜 도드라진다. 그녀의 선택은 단순한 염색이 아니라 동안 전략이다.

나에게 맞는 컬러 찾는 법

• 피부 톤 체크하기
  노란 기 → 웜 브라운, 골드 브라운
  붉은 기 → 애쉬 브라운, 다크 브라운

• 눈동자와 조화
어두운 눈동자 → 다크 브라운, 초콜릿 브라운
밝은 눈동자 → 소프트 브라운, 카라멜 브라운

• 계절 컬러 활용
봄·가을 톤 → 웜한 브라운 계열
여름·겨울 톤 → 쿨한 애쉬 계열

셀프 관리 팁

• 염색 후 컬러 전용 샴푸와 트리트먼트 사용
• 3~4주에 한 번은 뿌리 보정 필수
• 헤어 두피 세럼 수시로 뿌리기

"헤어 컬러는 인생의 조명이다"

당신의 베스트 헤어 컬러는 단순한 멋이 아니다. 피부를 살리고, 표정을 밝히며, 무대 위 스포트라이트처럼 인생 전체에 빛을 더해주는 선택이다. 오늘 거울 앞에서 머리색을 바라보자.

"지금의 컬러가 당신을 더 젊고 당당하게 빛나게 하는가?"

그렇지 않다면, 지금이 바로 당신의 베스트 컬러를 찾을 시간이다.

CHAPTER 04

50세부터는 패피(패션피플)가 되면 젊어진다

CHAPTER

04

50세부터는 패피(패션피플)가 되면 젊어진다

나이가 들수록 '어떤 옷을 입느냐'가 얼굴 주름보다 더 큰 동안 비결이 된다.
특히 50대 이후에는 패션이 삶의 활력소가 된다. 옷차림이 곧 마음가짐이자 자신감의 언어다.

집에서도 예쁜 옷을 입자

'집에 있으니까 대충 입어도 돼~'라는 생각은 금물이다. 집에서도 깔끔한 컬러 티셔츠와 편안한 밴딩 팬츠만 입어도 기분이 확 달라진다. 요즘은 홈웨어도 외출복 같은 디자인이 많아, 누가 불쑥 찾아와도 당황하지 않는다. 심리학 연구에서도 <예쁘게 차려입는 순간 활력이 생기고 자신감이 높아진다>는 결과가 보고됐다.

시니어들이 젊게 사는 패션 TIP

- 밝은 컬러 사용
  검정만 고집하지 말고, 민트·라벤더·아이보리 같은 파스텔 컬러를 활용하라. 얼굴 톤이 살아난다.

- 액세서리로 포인트
  나이 들수록 액세서리의 힘이 크다. 스카프, 진주 귀걸이, 컬러 안경테 하나만 바꿔도 이미지가 달라진다.

- 핏(Fit)에 집중
  너무 넉넉하면 '할머니 옷', 너무 쪼이면 '무리수'.
  본인 체형을 살짝 감싸면서 라인을 잡아주는 옷이 젊어 보인다.

- 편안하면서 세련된 슈즈
  굽이 낮아도 디자인이 세련된 로퍼, 스니커즈는 시니어 패피의 필수템이다

연예인 시니어 패피 사례

- 윤여정 배우 : 해외 시상식에서도 늘 블랙 드레스 + 포인트 액세서리로 시니어 럭셔리의 정석
- 김성령 배우 : 데님 + 화이트 셔츠만으로도 동안 이미지 유지. "꾸안꾸"의 교과서
- 이미숙 배우 : 트렌치코트와 톤다운 컬러 슈트로 세련된 시니어 워너비의 표본

일반인 패피 사례

- 60대 주부 A씨 : 매일 파스텔 톤 니트 + 슬림 팬츠를 입는 습관으로 동네에서 "동안 패션 아이콘"이 됨
- 50대 회사원 B씨 : 무채색 정장에서 컬러풀 블라우스 + 진주 목걸이로 바꾸자 "딸이랑 자매 같다"는 칭찬을 자주 들음

실천 방법

- '집도 무대다'라는 생각하기
  집에서 입을 홈웨어도 디자인을 보고 고른다.
- 한 달에 한 번 '컬러 챌린지'
  평소 안 입던 색(민트, 코랄, 크림 옐로우 등)에 도전한다.
- 거울 앞 5분 패션 셀프 체크
  외출 전 거울 앞에서 전체 핏을 점검하며 스스로에게 묻는다.
  "나는 오늘, 젊어 보이는가?"

50부터는 패피(패션 피플)가 되는 순간, 나이는 숫자에 불과해진다. 집에서도 예쁘게, 외출할 땐 당당하게. 그것이 젊음을 지키는 가장 즐겁고 확실한 방법이다.

건강할 때 나에게 더 관대하기

"우리는 흔히 '젊음은 지나간다'고 말한다"

하지만 사실 젊음은 사라지는 것이 아니라, 다른 형태로 우리 안에 남아 있는 것이다. 50세가 넘으면 몸은 예전 같지 않다고 느낄 수 있다. 그러나 마음은 여전히 빛나고 싶어 한다. 이때

패션은 단순한 옷이 아니라, 내 안의 젊음을 밖으로 끌어내는 철학적 도구가 된다.

패션은 나를 다시 정의하는 언어

심리학에서도 '입는 옷이 자아상(Self-image)을 강화한다'고 말한다.

- 검정 트레이닝복만 입으면
  → "나는 나이 들었어, 나는 편안함만 추구하는 사람이야" 라는 무의식이 자리 잡는다.
- 색감 있는 블라우스나 단정한 셔츠를 입으면
  → "나는 아직 나를 가꾸는 사람, 나는 살아 있는 존재야"라는 자기 선언이 된다.

즉, 패션은 단순한 꾸밈이 아니라 몸의 언어이자 마음의 철학이다.

"건강할 때야말로 나에게 관대해야 한다"

많은 시니어들이 "건강할 때 아껴야지"라며 자신을 뒤로 미룬다. 그러나 철학적으로 보면, 건강할 때야말로 나에게 가장 관대해져야 할 시기다.

- 건강할 때 즐기는 옷차림은 자유가 된다.
- 건강할 때 투자하는 작은 사치는 삶의 품격이 된다.
- 건강이 흔들리면 하고 싶어도 못 한다.

따라서 건강할 때 나를 꾸미는 것은 낭비가 아니라, 삶을 충만하게 하는 예술적 실천이다.

"패피가 된다는 건 철학적 태도다"

패피(패션 피플)가 된다는 건 단순히 옷을 잘 입는다는 뜻이 아니다. 그것은 곧, 세상과 여전히 소통하고 싶다는 선언이자, 나의 삶은 아직 미완성의 아름다움이라는 태도로, 외모의 젊음이 아니라, 삶을 대하는 태도의 젊음으로써 시니어를 진짜 젊게 만든다.

실천의 지혜

- 아침마다 거울 앞에서 묻기 : "오늘 나는 나를 존중하는 옷을 입었는가?"
- 옷장 정리하기 : 오래된 습관을 상징하는 옷은 정리하고, 새로운

나를 상징할 색 하나를 들여놓기.

- 나에게 사소한 선물하기 : 예쁜 스카프, 편안하면서 세련된 신발, 화사한 셔츠 등 그것은 단순한 물건이 아니라 나를 아끼는 철학적 실천이 된다.

50세부터는 패피가 되는 순간, 젊음이 다시 시작된다. 그리고 건강할 때 나에게 관대해질수록, 나이 들어가는 과정은 두려움이 아니라 품격 있는 여행이 된다.

『건강할 때 즐기는 옷차림은 사치가 아니라, 당신의 젊음을 다시 시작하게 하는 선언이다.』

명품이 때로는 당신의 품격을 만든다

"사람이 옷값을 한다"라는 말이 있다. 철학적으로 보면, 옷도, 가방도, 신발도 단순한 물건이 아니라 삶을 보여주는 상징이다. 명품이란 단순히 '비싼 것'이 아니다. 진짜 명품은 시간을 견뎌낸 아름다움이다. 가죽 하나에도 장인의 땀과 세월이 배어 있고, 디자인 하나에도 역사가 녹아 있다. 즉, 명품은 물건의 값이 아니라, 시간과 품격을 사는 것이다.

시니어에게 명품이 어울리는 이유도 여기에 있다. 여러 계절을 살아낸 주름과 경험이야말로,
인생의 진짜 명품이기 때문이다.

나를 존중하는 선택

철학자 칸트는 말했다.

"존엄은 가격으로 환산할 수 없다."

명품을 든다고 해서 내가 존엄해지는 것은 아니다. 하지만 명품을 선택하는 순간, 나는 내게 이렇게 말한다.

"나는 아직도 나를 아낄 가치가 있는 사람이다."

이 자기 확신이 곧 품격의 시작이다.

재미있는 시니어 명품 철학

- 명품 가방 : 손자에게는 그냥 가방이지만, 나에겐 삶을 곱게 들고 다니는 방식
- 명품 시계 : 단순히 시간을 재는 기계가 아니라, 내가 시간을 어떻게 살아왔는지를 보여주는 장치
- 명품 구두 : 발을 감싸는 것이 아니라, 나의 자세와 걸음걸이를 지탱하는 기둥

명품 같은 나이 듦

흥미로운 건, 어떤 시니어들은 명품을 하나도 갖지 않아도 명품 같은 품격을 풍긴다. 그것은 옷이나 액세서리가 아니라 태도 때문이다.

- 웃을 때 눈가에 번지는 주름의 아름다움

- 대화 속에서 묻어나는 배려
- 건강을 챙기면서도 삶을 즐기는 여유

이것이야말로 진짜 명품 시니어의 모습이다.

시니어를 위한 명품 활용 철학

- 하나의 명품, 백 개의 기억 : 가방 하나라도 오래 사용하며 나의 이야기를 입히자.
- 명품보다 내가 먼저 명품 : 옷은 나를 돋보이게 할 뿐, 주인공은 언제나 나다.
- 건강이 최고의 명품 : 아무리 멋진 시계도 건강한 심장 박동 소리보다 값질 수는 없다.

명품은 당신의 품격을 만들어주기도 하지만, 결국 명품을 품격으로 만드는 건 당신 자신이다.
그러니 오늘도 당당하게, 명품 같은 미소와 명품 같은 태도로 걸어가면 된다. 당신은 이미 세상에서 가장 값진 존재다.

옷은 당신을 춤추게 한다

"옷은 단순히 몸을 가리는 천 조각이 아니다"

옷은 기분의 음악이자, 태도의 리듬이며, 때론 당신을 춤추게 만드는 무대 의상이 된다. 옷이 음악이 될 때, 검정 바지만 고집하면 삶의 리듬은 단조로워진다. 그러나 노란 스카프 하나만 둘러도 마음속에서는 봄의 왈츠가 시작된다. 가벼운 셔츠를 입으면 발걸음이 탱고처럼 경쾌해지고, 드레시한 블라우스를 입으면 거울 앞에서조차 살짝 포즈를 취하게 된다. 옷이 곧 삶의 배경음악이 되는 순간이다.

니체는 말했다.

"철학은 머리로만 하는 것이 아니라 몸으로 춤추는 것이다."

옷을 입는 것도 같다. 옷이 편하면 걷고 싶어지고, 옷이 화사하면 밖으로 나가고 싶어진다. 즉, 옷은 몸을 춤추게 만들고, 그 춤은 젊음을 다시 불러오는 움직임이 된다.

시니어가 즐길 수 있는 '춤추는 패션' 팁

- 색의 춤 : 빨강은 살사, 파스텔은 왈츠, 블랙은 탱고. 옷장에 춤의 색을 하나씩 넣어보자.

• 액세서리의 박자 : 진주 귀걸이는 클래식, 커다란 반지는 재즈, 스카프는 즉흥 연주의 자유로움.
• 신발의 리듬 : 스니커즈는 힙합, 로퍼는 스윙, 구두는 무도회 왈츠. 신발만 바꿔도 하루의 발걸음이 달라진다.

옷을 춤추게 하려면 마음가짐부터 달라져야 한다.

"오늘은 어떤 무대에 설까?"
장보러 가는 길도 패션쇼 런웨이가 될 수 있고, 친구와의 티타임도 작은 무도회가 될 수 있다. 옷은 당신을 춤추게 한다. 그리고 그 춤은 무대가 아니라, 당신의 일상 속에서 피어나는 젊음의 몸짓이다.

옷은 당신을 춤추게 하고,
오늘의 패션은 당신의 음악
당신은 이미 무대 위의 주인공이다.

워킹만 잘해도 당신의 품격이 만들어진다

'걷는 모습만 봐도 그 사람을 알 수 있다'라는 말이 있다. 철학적으로 걷는다는 것은 단순한 이동이 아니라, 삶의 태도가 몸으로 드러나는 방식이다.

"걸음걸이는 인생의 문장이다"
철학자 키에르케고르는 말했다.

"걷는다는 것은 사유하는 또 다른 방식이다."

구부정한 어깨, 끌리는 발걸음은 '나는 세상에 지쳤다'라는 문장이 된다. 곧은 자세와 리듬 있는 보폭은 '나는 여전히 삶을 즐긴다'라는 선언이 된다. 즉, 워킹은 말보다 더 솔직한 자서전이다.

"시니어의 품격은 걸음에서 시작된다"

많은 시니어들이 외모나 옷차림에 신경 쓰지만, 사실 품격은 걸음에서 완성된다. 아무리 멋진 옷을 입어도 발을 질질 끌면 고급스러움이 사라진다. 단순한 옷차림이라도 곧게 선 허리와 당당한 보폭은 누구도 흉내 낼 수 없는 기품을 만든다. 결국, 품격은 명품이 아니라 내 걸음 속에 숨어 있다.

"왜 바른 걸음이 젊음을 부르는가?"

심리학에서는 신체의 움직임이 감정에 직접적인 영향을 준다고 말한다.

- 당당하게 걷는 순간 → 마음은 자신감을 따라간다.
- 활기차게 걷는 순간 → 뇌는 젊어졌다고 착각하며 에너지를 뿜어낸다.

즉, 바른 걸음걸이는 곧 마음의 젊음을 유지하는 비밀이다.

실천 방법 – 시니어를 위한 워킹 철학

- 어깨를 펴라 : "나는 내 인생을 자랑스럽게 산다"는 메시지.

- 시선을 올려라 : 바닥이 아닌 세상을 바라보는 태도.
- 보폭을 일정하게 : 서두르지 않고, 멈추지 않는 리듬이 곧 삶의 균형.
- 웃는 얼굴로 : 품격은 발끝에서 시작되지만, 미소에서 완성된다.

"워킹만 잘해도 품격이 만들어진다"

그것은 단순히 잘 걷는 법을 배우는 것이 아니라, 내 삶을 어떻게 살아왔고, 앞으로 어떻게 살아가고 싶은지를 몸으로 말하는 것이다. 오늘도 한 걸음, 한 걸음이 곧 당신의 철학이자 당신의 품격이 된다.

옷은 당신을 위한 요술봉

어릴 적, 우리는 만화 속 주인공이 요술봉을 휘두르며 순식간에 변신하던 장면을 기억한다. 그 요술봉은 단순히 외모만 바꾸는 것이 아니었다. 자신감을 불어넣고, 세상을 향한 태도를 바꾸는 마법의 도구였다. 놀랍게도 시니어가 된 지금, 그 요술봉은 여전히 우리 곁에 있다. 바로 옷이다.

"옷은 마음의 거울이다"

심리학자들은 <옷은 자아의 확장>이라고 말한다. 트레이닝복을 입으면, 무의식이 편안함에 잠긴다. 화사한 블라우스를 입으면, 마음이 들뜨며 활기를 찾는다. 즉, 옷은 단순한 직물 조각이 아니라, 내 마음을 비추고 바꿔주는 거울 같은 요술봉이다.

옷이 바꾸는 삶의 리듬

어두운 옷만 입으면 세상도 조금 어둡게 보인다. 밝은 옷을 걸치면 하루가 왠지 가벼워진다.
마치 요술봉을 흔들자 무대 조명이 바뀌듯, 옷은 우리의 삶에 새로운 조명을 켜주는 도구다.

"시니어의 요술봉 사용법"

- 색의 마법 : 파스텔은 마음을 부드럽게, 레드는 자신감을, 블루는 차분함을 선물한다.
- 소품의 마법 : 스카프 하나, 모자 하나, 안경테 하나가 변신의 즐거움을 준다.
- 리듬의 마법 : 편안하지만 흐트러지지 않는 옷차림은 나의 걸음걸이를 춤추게 만든다.

결국 진짜 요술은 '나'에게서 나온다. 옷이 요술봉이라면, 그 힘을 끌어내는 주문은 나의 태도다. 옷이 나를 꾸며주는 것이 아니라, 내가 옷을 통해 스스로를 새롭게 정의하는 순간, 옷은 단순한 패션이 아니라, 철학적 선언이 된다.

"나는 여전히 아름답다. 나는 여전히 젊다."

"옷은 당신을 위한 요술봉이다"

아침마다 옷장을 여는 순간은 새로운 마법을 부리는 순간이다.

그리고 그 마법은 당신을 다시 젊고, 당당하며, 즐겁게 만들어 준다.

신발은 당신의 품격이다

우리는 종종 머리나 얼굴, 옷차림에만 집중한다. 하지만 정작 사람의 품격은 발끝에서부터 시작된다는 사실을 잊곤 한다. 신발은 단순한 패션 아이템이 아니라, 그 사람의 삶의 태도와 철학을 드러내는 조용한 언어이기 때문이다.

발끝에서 드러나는 철학

철학자 하이데거는 인간에 대해 '세상을 걸어가는 존재'라고 정의했다. 그렇다면 우리가 어떤 신발을 신고 어떻게 걷는가는 곧 내 삶을 어떻게 살아내는가와 직결된다.

- 낡고 관리되지 않은 신발 → 무심함을 보여준다.
- 반듯하고 단정한 신발 → 자기 존중을 보여준다.

신발은 말하지 않아도 나를 대신해 세상과 대화한다.

작은 습관이 만드는 큰 품격

- 신발을 매일 닦는 습관
- 상황에 맞는 신발을 선택하는 지혜

이것은 단순한 외적 관리가 아니라, 곧 '나는 여전히 나 자신을 존중한다'라는 선언이다. 아무리 세련된 옷차림도 신발이 흐트러져 있으면 전체의 조화가 깨진다. 반대로 소박한 옷차림이라도 신발이 단정하면 그 사람은 신뢰감을 준다.

"품격은 발끝에서 완성된다"

결국 신발은 단순한 물건이 아니다. 그것은 내가 어떤 걸음을 걷고 싶은지, 어떤 인생을 살고 싶은지를 드러내는 상징이다. 오늘 아침 신발을 고르는 순간, 우리는 스스로 하루의 태도를 결정한다. 신발은 당신의 품격이다. 그리고 그 품격은 발끝에서 시작해, 걸음걸이를 타고, 결국 삶 전체로 번져나간다.

당신의 계절을 찾으면 패션이 완성된다

우리는 인생의 사계절을 살아간다.

청춘의 봄, 열정의 여름, 성숙의 가을, 지혜의 겨울.

그런데 흥미로운 것은 우리의 외모에는 저마다의 '계절'이 있다는 사실이다.

그것이 바로 퍼스널 컬러이다.

“옷은 피부 위에 피는 또 하나의 계절”

철학적으로 옷은 나의 얼굴빛과 만나 새로운 조화를 이루는 색의 철학이다.

- 맞지 않는 색을 입으면 → 얼굴이 피곤해 보인다.
- 어울리는 색을 입으면 → 눈빛이 살아나고 표정이 젊어진다.

즉, 옷의 색은 나의 계절을 밝혀주는 조명과 같다.

시니어에게 퍼스널 컬러가 중요한 이유

나이가 들수록 피부 톤은 조금씩 변한다. 예전에 잘 어울리던 색이 어느 순간 부담스럽게 보일 때가 있다. 이때 퍼스널 컬러는 단순히 ‘예쁜 색’이 아니다. 나를 가장 빛나게 해주는 색의 철학이다.

- 봄의 따뜻한 색 → 활력을 돋운다.
- 여름의 시원한 색 → 품위를 살려준다.
- 가을의 깊은 색 → 지적인 매력을 더한다.
- 겨울의 선명한 색 → 고급스러운 존재감을 완성한다.

퍼스널 컬러를 아는 순간, 옷은 더 이상 소비가 아니라 조화의 미학이 된다.

"색은 나의 존재 선언이다"
철학자 메를로-퐁티는 말했다.

"몸은 세계와 소통하는 수단이다."

그렇다면 색은 그 몸을 통해 세상에 건네는 메시지다.

- 파스텔 블루 → "나는 평온하다."
- 와인 레드 → "나는 여전히 열정적이다."

즉, 퍼스널 컬러를 찾는다는 것은 단순히 '어울리는 색'을 찾는 일이 아니다. '나는 누구인가, 나는 어떤 계절로 살아가고 싶은가'를 묻는 철학적 과정이다.

퍼스널 컬러별 스타일 가이드

1. 봄(Spring) 타입 – 따뜻하고 생기 있는 컬러

- 어울리는 색 : 코랄, 살구빛, 민트, 크리미 아이보리
- 코디 예시
  여성 : 코랄빛 블라우스 + 크림색 팬츠 + 골드 이어링
  남성 : 아이보리 셔츠 + 베이지 재킷 + 브라운 로퍼
- 효과 : 얼굴이 화사해지고 피부 톤이 밝아 보임

2. 여름(Summer) 타입 – 시원하고 세련된 컬러

- 어울리는 색 : 라벤더, 하늘색, 연분홍, 실버 그레이
- 코디 예시
  여성 : 라벤더 니트 + 화이트 팬츠 + 진주 목걸이

남성 : 하늘색 셔츠 + 그레이 슬랙스 + 실버 메탈 시계
- 효과 : 차분하면서도 고급스러운 분위기, 은은한 지성미 강조

3. 가을(Autumn) 타입 – 깊고 우아한 컬러

- 어울리는 색 : 카멜, 올리브 그린, 머스타드, 테라코타
- 코디 예시

여성 : 올리브 그린 블라우스 + 머스타드 스커트 + 브라운 가죽 가방

남성 : 카멜 재킷 + 짙은 브라운 팬츠 + 로퍼
- 효과 : 성숙하고 안정감 있는 인상, 신뢰감 강화

4. 겨울(Winter) 타입 – 선명하고 도시적인 컬러

- 어울리는 색 : 블랙, 화이트, 딥블루, 루비 레드
- 코디 예시

여성 : 블랙 터틀넥 + 루비 레드 코트 + 블랙 앵클부츠

남성 : 화이트 셔츠 + 딥블루 수트 + 블랙 구두
- 효과 : 선명한 대비로 얼굴이 또렷해지고 도시적·카리스마 있는 이미지 완성

퍼스널 컬러는 단순한 멋내기가 아니다. 내 안에 숨어 있던 계절을 발견하는 철학적 과정이다. 옷장에서 자신의 계절을 찾아내는 순간, 패션은 더 이상 고민이 아니라 즐거움과 자신감이 된다. 오늘 당신은 어떤 계절을 입고 싶은가? 그 답을 찾는 순간, 당신의 패션은 이미 완성되었다.

당신의 마음과 자세를 성장시키는 스타일

우리는 흔히 스타일을 겉모습으로만 생각한다. 하지만 스타일은 단순한 외적 치장이 아니다. 그것은 내 마음과 자세를 성장시키는 훈련이다. 스타일은 내면을 비추는 거울이다. 옷차림은 나를 표현하는 첫 번째 언어다. 아무 말 하지 않아도, 내 태도와 가치관은 스타일을 통해 드러난다. 흐트러진 옷차림은 '나는 나를 소홀히 대한다'는 무언의 신호이며, 단정하고 조화로운 스타일은 '나는 여전히 나를 존중한다는 선언이 된다. 즉, 스타일은 단순한 보여주기가 아니라, 내가 나를 대하는 태도의 거울이다.

"스타일이 마음을 성장시킨다"

심리학에는 착용 인지 효과(Enclothed Cognition)라는 개념이 있다. 옷차림이 생각과 행동을 바꾼다는 뜻이다. 편안하면서도 세련된 옷은 자신감을 불러오고, 바른 자세가 따라온다. 바른 자세는 '나는 아직도 성장할 수 있다'라는 확신을 선물한다. 즉, 스타일은 단순히 몸을 꾸미는 것이 아니라, 마음을 단단하게 훈련시키는 장치다.

"자세는 품격의 시작이다"

나이가 들수록 외모보다 중요한 건 자세다. 허리가 곧은 사람은 옷이 흐트러져도 당당하다. 어깨가 구부정하면, 명품을 걸쳐도 기품이 사라진다. 스타일은 곧 자세를 바로잡는 보정 속옷과 같다. 옷이 몸을 지탱하고, 몸은 다시 마음을 지탱한다. 그 균형 속에서 시니어의 품격이 완성된다.

시니어를 위한 '마음과 자세를 성장시키는 스타일' TIP

- 옷 입기 전, 거울 앞에서 허리 펴기
  → 옷은 바른 자세 위에서만 빛난다.
- 오늘의 색으로 마음 챙기기
  → 밝은색은 활력을, 차분한 색은 여유를 선물한다.
- 편안하지만 흐트러지지 않는 실루엣 고르기
  → 몸이 편하면 마음은 자유로워지고, 품격은 자연스럽게 따라온다.

마음과 자세를 성장시키는 스타일 명언

"스타일은 나를 표현하는 첫 번째 언어다.
옷차림은 내 마음과 태도를 세상에 보여주는 거울이다."

"옷이 마음을 바꾸고, 마음이 자세를 만든다.
자신감 있는 스타일은 곧 바른 자세를 이끈다."

"허리가 곧으면 품격도 곧다. 자세가 흐트러지면 어떤 명품도 빛을 잃는다."

"오늘 입는 색이 내 하루의 감정을 결정한다.
밝은색은 활력을, 차분한 색은 여유를 선물한다."

"스타일은 단순한 멋이 아니라 철학적 선택이다.
옷을 입는 순간, 내면과 태도를 성장시키는 훈련이 시작된다."

"편안한 실루엣 속에서 마음은 자유롭다.

몸이 편하면 마음도 편하고, 품격은 자연스럽게 따라온다."

"오늘의 스타일이 내일의 품격을 만든다.
하루의 작은 선택이 쌓여 삶 전체의 기품이 된다."

결국, 스타일은 겉모습이 아니라 마음과 자세를 성장시키는 철학적 도구다. 그리고 옷은 하루를 새롭게 시작하는 주문이고, 자세는 그 주문을 현실로 만드는 힘이다.

손톱에 컬러를 입히자

손톱에 컬러를 입히자 - 작은 변화, 큰 즐거움

손톱은 얼굴보다 작지만, 마음을 가장 먼저 바꾸는 작은 캔버스다. 시니어가 손톱에 컬러를 입히는 순간, 그것은 단순한 외모 관리가 아니라 일상을 즐기는 의식이 된다.

- 파스텔 핑크 → 마음을 부드럽게 풀어준다.
- 강렬한 레드 → 자신감을 확실히 끌어올린다.
- 민트, 라벤더, 코랄 → 계절에 맞춰 선택하면 손끝에서 나만의 작은 사계절이 열린다.

손톱 컬러 하나만으로도 "오늘은 나를 특별하게 대해야지"라는 마음의 선언이 시작된다.

손톱은 나를 위한 작은 실천

니체는 말했다.

"작은 행동이 삶 전체를 바꾼다."

손톱을 정성껏 관리하고 색을 입히는 행동은 단순한 미용이 아니다. 그것은 나 자신을 소중히 여기는 마음을 매일 반복하는 철학적 습관이다. 손톱은 내 마음과 태도를 시각적으로 보여주는 작은 거울이다.

시니어가 즐길 수 있는 손톱 컬러 활용법

- 하루의 기분에 맞는 컬러 선택
  화사한 컬러 = 활기찬 하루
  차분한 컬러 = 여유로운 하루

- 포인트 손톱 활용
  한 손에 하나씩 다른 컬러를 주면, 손을 움직일 때마다 작은 즐거움이 생긴다.

- 손톱 관리 루틴 만들기
  주 1~2회 컬러 바르기
  주기적인 큐티클 정리

- 보습 크림 사용
  손톱과 손을 돌보는 순간, 하루를 멈추고 나를 위한 시간을 갖게 된다.

손톱 컬러가 주는 즐거운 변화

손끝을 바라볼 때마다 작은 성취감이 쌓인다. 손톱이 반짝이면, 글을 쓰거나 차를 마시는 사소한 행동조차 즐거움으로 변한다. 계절·기분·스타일에 따라 컬러를 바꾸는 순간, 일상은 늘 새롭게 연출된다.

"손톱에 컬러를 입히자"

작은 캔버스 위의 색이 당신의 마음과 일상을 바꾼다. 손톱 컬러는 단순한 뷰티가 아니라, 당신을 돌보고, 기분을 밝히며, 삶을 즐겁게 만드는 철학적 습관이다.

CHAPTER

05

50대에 30대로 보이는 뷰티이미지

CHAPTER
05

50대에 30대로 보이는 뷰티이미지

허리를 펴자

'나이는 숫자일 뿐'이라는 말을 흔히 하지만, 사실 자세 하나만으로도 나이와 이미지는 크게 달라질 수 있다. 특히 시니어에게는 허리를 곧게 펴는 습관이 얼굴과 전체 실루엣, 나아가 마음가짐까지 바꾸는 가장 쉬운 뷰티 비법이다.

"허리를 곧게 펴면 이미지가 달라진다"

허리가 구부정하면, 어깨가 처지고 얼굴이 늘어져 보인다.
허리를 곧게 펴면, 어깨가 자연스럽게 펴지고, 얼굴선이 살아나며, 눈빛과 미소까지 밝아진다.
곧은 허리는 단순한 건강 관리가 아니라, 20년 젊어 보이는 이미지의 비밀 장치다.

철학적 관점에서 본 곧은 허리의 힘

몸과 마음은 서로 연결되어 있다. 곧은 허리를 유지하면 뇌는 '나는 당당하다'라고 인식한다. 자신감은 얼굴 표정과 목소리에 반영되고, 실제 나이보다 젊어 보이는 심리적 효과를 만든다.

소크라테스의 말처럼, <건강한 몸은 건강한 정신을 담는 그릇>이다. 허리는 단순히 뼈와 근육의 문제가 아니라, 젊음을 표현하는 그릇이다.

50대가 30대로 보이는 허리 & 자세 관리법

- 거울 앞 스트레칭
  아침에 1분, 어깨와 허리를 곧게 펴고 상체를 천천히 늘려주기
  의식적인 앉기와 걷기
  앉을 때 엉덩이를 의자 깊숙이 넣고 허리를 펴기
  걸을 때는 보폭을 좁히지 말고, 허리를 세운 채 시선은 정면

• 허리 근육 강화 운동
필라테스, 요가, 가벼운 백 익스텐션
근육이 받쳐줘야 곧은 허리를 오래 유지 가능

• 스타일로 강조하기
허리 라인을 살려주는 벨트, 단정한 재킷, A라인 스커트
곧은 자세와 옷이 만나면 실루엣이 살아나고 젊어 보임

작은 습관이 만드는 큰 변화

허리를 곧게 펴면 단순히 키가 커 보이는 것이 아니다. 얼굴이 달라지고, 실루엣이 정리되며, 마음가짐까지 젊어진다. 매일 의식적으로 허리를 펴는 순간, 주변 사람들에게도 당당하고 건강한 인상을 전달한다. 이처럼 작은 습관의 반복이 모여, 50대에도 30대 같은 활력 있는 이미지를 완성한다.

허리를 펴자. 그것만으로도 20년 젊어 보이는 변화가 시작된다. 허리는 단순한 몸의 축이 아니라, 당신의 자신감, 아름다움, 그리고 젊음을 담는 그릇이다.

목소리 온도에 따라 품격이 올라간다

사람은 나이를 먹어가며 외모보다 더 강렬하게 남는 것이 있다. 바로 목소리의 온도다. 목소리는 또 다른 얼굴이다. 얼굴에 주름이 생기듯, 목소리에도 세월의 흔적이 남는다. 하지만 놀랍게도 목소리의 온도를 조절하면 사람들은 나이를 잊고, 그 사람의 품격과 매력에 집중한다.

• 차갑고 날카로운 목소리 → 거리감을 만든다.
• 따뜻하고 낮은 톤의 목소리 → 신뢰와 안정감을 준다.
• 밝고 부드러운 목소리 → 주변을 젊고 활기차게 만든다.

목소리의 온도는 단순한 말투가 아니라, 인격과 매력의 확장판이다.

철학적 관점에서 본 목소리

철학자 하이데거는 말했다.

"존재는 언어로 드러난다."

우리가 세상과 만나는 첫 접촉점은 말이고, 그 말은 목소리의 울림으로 완성된다. 곧, 내 목소리의 온도가 곧 내 존재의 온도다. 따뜻한 목소리를 가진 사람은 나이와 상관없이, 항상 젊고 매력적인 품격을 드러낸다.

시니어 성우·가수 사례

• 성우 이인성 : TV 광고와 다큐멘터리에서 들려오는 그의 중후하면서도 따뜻한 목소리는 듣는 순간 마음을 안정시킨다. 나이가 들어도 목소리의 깊이를 가꾸는 것이 곧 품격임을 보여준다.

• 가수 이현우 : 세월이 흘러도 무대 위 그의 목소리는 뜨겁고 강렬하다. 목소리에 담긴 에너지가 그대로 젊음을 전하기 때문에, 관객은 그에게서 '현재의 청춘'을 느낀다.

- 가수 인순이 : 특유의 힘 있고 긍정적인 목소리는 노래뿐 아니라 인터뷰와 대화 속에서도 빛난다. 목소리에 깃든 밝음이 그녀의 진짜 동안 비결이다.

시니어를 위한 목소리 온도 관리법

- 숨 고르기 - 호흡이 품격을 만든다
  말하기 전, 깊게 들이쉬고 천천히 내쉰다.
  호흡이 안정되면 목소리는 흔들리지 않고 깊어진다.

- 속도 조절 - 여유가 젊음을 만든다
  너무 빠르면 조급해 보이고, 너무 느리면 지쳐 보인다.
  박자감 있는 대화는 듣는 이의 귀를 젊게 만든다.

- 톤 다듬기 - 따뜻한 저음을 활용하라
  목소리를 한 톤 낮추고, 끝을 부드럽게 마무리한다.
  핵심은 목소리를 낮추는 것이 아니라, 마음을 담아 말하는 것이다.

- 웃음 섞기 - 미소는 목소리에 묻어난다
  미소 지으며 말하면 목소리 자체가 자연스럽게 밝아지고 온도가 높아진다.

목소리가 주는 젊음의 힘

곧은 허리가 실루엣을 젊게 하듯, 따뜻한 목소리는 마음을 젊게 한다. 회의석 상에서 당당한 톤은 나이를 뛰어넘어 신뢰를 준다. 손주와의 대화에서 웃음 섞인 목소리는 세대 차이를 지운다. 친구와의 통화에서 밝은 목소리는 듣는 사람까지 젊게 만든다.

당신의 목소리 온도에 따라 당신의 품격이 올라간다. 외모가 보여주는 젊음은 한계가 있다.
하지만 목소리의 온도는 나이와 상관없이, 언제든 당신의 이미지를 20년 젊게 바꿀 수 있는 힘을 가지고 있다.

트렌드 언어 배우기 말은 세대를 잇는 패션이다

왜 트렌드 언어일까? 언어는 단순한 의사소통 수단이 아니라, 시대의 공기다. 10대가 쓰는 신조어, 20·30대가 즐겨 쓰는 밈(Meme) 속 언어에는 그 세대의 정서와 유머가 담겨 있다.

시니어가 그 언어를 조금만 이해해도

- 손주와 대화할 때 → "와, 할머니도 아네?"라는 반가움이 생기고
- 젊은 세대와 함께 있을 때 → "촌스럽지 않은 어른"으로 보인다

트렌드 언어는 세대 간 공감의 패션 아이템이다.

철학적 관점에서 본 트렌드 언어
철학자 비트겐슈타인은 말했다.

"내 언어의 한계는 내 세계의 한계다."

새로운 언어를 배우는 것은 곧 새로운 세계를 여는 것이다. 신조어를 배우는 건 단어 몇 개를 외우는 것이 아니다. 세대를 이해하는 감각을 키우고, 마음을 유연하게 만들어주며, 나이를 뛰어넘는 소통의 철학을 실천하는 일이다.

시니어를 위한 트렌드 언어 활용법

• 하루 한 단어 배우기
예 : 갓생 (스스로 열심히 사는 삶)
→ 오늘 배운 단어를 실제 대화에서 한 번 써보기

• 손주·자녀에게 직접 배우기
"요즘 너희가 쓰는 말 중에 재밌는 거 하나 알려줘."
→ 이 대화만으로도 세대 간 벽이 허물어진다.

• SNS·TV 자막 관찰하기
유튜브·예능 프로그램 자막에 등장하는 단어 메모하기
→ 뜻을 몰라도 적어두고 나중에 찾아보기

• 나만의 스타일로 소화하기
억지로 따라 하기보다, 자연스럽게 유머 섞어 활용하기
예: "할머니도 갓생 살아야지!"

요즘 자주 쓰는 트렌드 언어 예시

• 갓생 : 자기 관리를 철저히 하는 삶

• 킹받네 : 화가 난다 (킹 + 열받네)
• 있찐 : 있잖아 (친근한 말투)
• Flex : 과시하다, 뽐내다

이런 단어 몇 개만 알아도, 젊은 세대는 "센스 있는 어른"이라고 느낀다.

트렌드 언어를 배우는 것은 단순히 단어를 아는 것이 아니다. 그것은 세대와 마음을 나누는 새로운 패션을 입는 것이다. 말이 바뀌면 태도가 바뀌고, 태도가 바뀌면 이미지가 달라진다. 시니어가 트렌드 언어를 즐겁게 배우는 순간, 젊음은 다시 찾아온다.

MZ 세대들이 듣기 꺼리는 시니어의 '워스트 키워드'

세대를 잇는 대화에서 가장 중요한 것은 말의 선택이다. 좋은 의도로 한 말도 표현 방식에 따라 오해를 불러올 수 있고, 특히 MZ 세대는 언어에 민감하게 반응한다. 아래는 시니어가 무심코 쓰기 쉬운 워스트 키워드와 그에 대한 올바른 대안이다.

1. "요즘 애들은 말이야…"

• 문제점 : 세대를 구분하며 무의식적으로 벽을 만들고 대화의 문을 닫는다.
• 대안 표현 : "요즘 어떻게 생각하는지 궁금해. 네 의견을 듣고 싶어."
▶ 세대 차이를 강조하기보다, 존중과 호기심으로 대화를 이어

가는 태도가 필요하다.

2. “내가 다 해봤어. 별거 아니야.”

• 문제점 : 처음 도전하는 MZ 세대의 열정을 꺾을 수 있다.

• 대안 표현 : “나도 해본 적 있는데, 이런 어려움이 있었어. 필요하면 도와줄게.”

▶ 경험을 공유하되, 상대의 도전 의지를 존중하는 방식이다.

3. “알아서 해라.”

• 문제점 : 자율성을 중시하는 MZ 세대에게는 ‘선택의 부재’로 들려 부담을 준다.

• 대안 표현 : “이런 방향이 좋을 것 같은데, 너는 어떻게 생각해?”

▶ 지시가 아니라 협력, 함께 고민하는 태도를 보여주는 것이 중요하다.

4. ‘아재 개그’식 유머 (말장난 중심)

• 문제점 : 과거에는 웃음을 줬지만, 반복되면 진부하고 어색하다.

• 대안 표현 : 상황에 맞는 가벼운 관찰 유머나 추억 공유 중심의 대화가 효과적이다

▶ 억지 웃음이 아니라, 자연스럽게 스며드는 유머가 공감을 얻는다.

5. “노년층”, “시니어”라는 꼬리표

• 문제점 : 과도한 세대 구분은 차별이나 고정관념을 강화한다.

• 대안 표현 : “프리미엄 세대”, “액티브 시니어”, “GG (Grand

Generation)”

▶ 존중과 긍정의 가치를 담은 새로운 호칭이 필요하다.

6. 일방적인 가치 강요 (예: “무조건 절약해라”)

• 문제점 : MZ 세대는 선택과 자율성을 중시한다.

• 대안 표현 : “나는 이렇게 해왔어, 너는 어떻게 생각해?”

▶ 경험은 소개하되, 상대의 취향과 선택을 존중하는 대화가 필요하다.

언어는 다리다 — 세대를 잇는 다리

이러한 표현들은 대부분 사랑에서 비롯되었지만, 말의 선택 하나가 관계의 질을 바꾼다.

• 철학적 관점 : 언어는 곧 세계다. 경계를 허무는 언어는 새로운 공감의 세계를 연다.

• 실천적 관점 : 상대를 존중하는 표현은 세대 간 대화의 문을

열고, 진정한 소통으로 이어진다.
결국, 세대를 잇는 다리는 화려한 말이 아니라 존중이 담긴 언어다.

❗ 세대를 이어주는 대화 체크 리스트

워스트 키워드	대안 표현	효과
"요즘 애들은 말이야…"	"요즘은 어떻게 생각해? 네 의견이 궁금해."	세대 차이 강조 대신 전중과 호기심 전달
"내가 다 해봤어. 별거 아니야."	"나도 해본 적 있는데, 이런 어려움이 있었어. 필요하면 도와줄게."	경험 공유 + 상대 도전 의지 존중
"알아서 해라."	"이런 방향이 좋을 것 같은데, 너는 어떻게 생각해?"	지시가 아닌 협력과 참여 유도
'아재 개그'식 말장난	상황 맞는 관찰 유머, 추억 공유	억지 웃음 대신 자연스러운 공감 유머
"노년층", "시니어"	"액티브 시니어", "프리미엄 세대", "GG(Grand Generation)"	세대 구분 대신 존중과 가치 중심 표현
"무조건 절약해라 / 내가 옳다"	"나는 이렇게 해왔어, 너는 어떻게 생각해?"	경험은 나누되, 선택권은 존중

방송 드라마, 쇼프로에서 당신의 이야기를 하고 있다

텔레비전을 켜면 드라마 속 한 장면, 예능 프로그램의 짧은 순간에서 문득 나 자신이 비치는 경험을 한다.

- 주인공이 오래된 친구와 추억을 나누는 장면
- 가족끼리 사소한 일로 티격태격하다가 결국 웃음으로 풀리는 모습
- 중년 여성이 거울 앞에서 "나도 늙었나?" 하고 한숨 쉬다 다시 자신을 다잡는 장면

그것은 콘텐츠 속 누군가의 이야기가 아니다. 곧 당신의 이야기다. 드라마는 허구처럼 보이지만, 그 속에는 우리가 살아온 삶의 흔적이 고스란히 담겨 있다.

- 자식을 키우며 흘린 눈물
- 부부로 살아내며 생긴 오해와 화해
- 친구와 함께 늙어간다는 의미

이 모든 것이 드라마 속 대사와 장면으로 다시 우리 앞에 펼쳐진다. 그래서 드라마를 보며 울고 웃는 건 단순한 감상이 아니다. 그것은 내 삶을 다시 정리하고 위로받는 과정이다.

예능 속 시니어 연예인이 무대 위에서 노래할 때, 중년 스타가 건강과 변화를 위해 도전할 때, 우리는 이렇게 느낀다.

'저건 나도 할 수 있는 일이야!'
TV는 나와 동떨어진 화려한 무대가 아니다. 지금의 나와 연결

된 현실의 확장판이다. 누군가의 도전은 곧 나의 도전이고, 누군가의 웃음은 곧 나의 웃음이 된다.

"삶은 곧 서사다"

철학자 리쾨르(Ricoeur)는 인간의 삶을 <서사(narrative)>라고 정의했다. 우리는 살아가면서 자기 이야기를 써 내려가는 존재다. 방송 속 드라마와 쇼프로그램은 단순한 오락이 아니다. 그것은 우리의 서사를 비추는 또 하나의 거울이다. 그 안에서 우리는 내 삶을 다시 바라보고, 앞으로의 장면을 새롭게 써 내려갈 힘을 얻게 된다.

"당신도 주인공이다"

드라마 속 주인공이 특별해서 빛나는 게 아니다. 끝까지 자기 이야기를 써 내려가는 용기 때문에 빛나는 것이다. 지금 이 순간에도 당신의 삶은 하나의 드라마이자 쇼프로그램이다. 손주와의 대화, 친구와의 여행, 나를 위한 작은 도전들…… 그 모든 것을 방송으로 만든다면 충분히 시청률 1위의 이야기가 될 수 있다. "방송에서 내 얘기를 하는 것 같아"라고 느낄 때, 그것은 방송이 우리를 따라오는 게 아니라, 우리가 이미 시대의 주인공이라는 뜻이다.

남의 이야기가 아니다

드라마 속 인물이 갱년기 후유증으로 밤새 뒤척이는 장면, 예능에서 배우가 '예전 같지 않네'라며 웃어넘기는 순간. 우리는 그 장면을 보며 눈시울이 붉어지거나 허탈한 웃음을 지으며 말한다.

"저건 바로 내 이야기야."

갱년기의 벽 앞에서 — 드라마 속 공감

○○ 드라마 디어 마이 프렌즈에서 김혜자 배우는 이렇게 말한다.

"늙는 게 억울하지 않아. 안 죽는 게 다행이지."

갱년기와 노화의 고통 속에서도 특유의 유머와 따뜻한 시선으로 삶을 바라보는 태도. 그 장면이 감동적인 이유는 단순한 연기가 아니기 때문이다. 그것은 우리가 이미 지나온 길이거나 지금 걷고 있는 길이기 때문이다.

『드라마 속 대사는 결국 우리의 삶을 대신 말해주는 또 하나의 언어다.』

무대 위 또 다른 나 — 방송 속 사례

KBS 예능 《같이 삽시다》에서 시니어 배우들이 모여 갱년기의 힘겨움과 노화의 불안을 솔직하게 털어놓는다.

"예전엔 밤새 촬영하고도 거뜬했는데, 이제는 하루 종일 누워 있어야 한다"

그러나 잠시 후, 이어지는 말은 다르다.

"그래도 이렇게 친구들과 수다 떨며 웃을 수 있으니 얼마나 좋아."

이 장면을 보며 우리는 깨닫는다. 아픔은 남의 것이 아니라 곧 나의 것이며, 극복의 기쁨 또한 함께 나눌 수 있다는 것을.

결국 남의 이야기가 아니라, 곧 우리의 이야기다.

노화는 상실이 아니라 발견

나이 듦은 몸의 속도를 늦추지만, 마음의 눈은 더욱 깊어진다. 젊을 때는 몰랐던 계절의 향기, 친구 한 사람의 위로가 주는 무게, 그리고 나 자신을 더 사랑할 수 있는 시간. 이 모든 것은 나이 들어 얻은 새로운 발견이다. 그래서 우리는 노화를 두려움이 아닌, 또 다른 선물로 바라볼 수 있다.

철학적 관점 — 공감의 힘
빅토르 프랑클은 말했다.

"고통은 나눌 때 절반이 된다."

갱년기의 불안, 노화의 두려움은 혼자일 때는 큰 짐이다. 하지만 누군가와 나눌 때는 그것이 삶의 이야기가 되고, 희망의 씨앗이 된다.

갱년기의 눈물, 노화의 고백, 그리고 그 뒤에 찾아오는 웃음.
그 모든 순간은 남의 이야기가 아니라 바로 우리의 이야기다. 그리고 당신의 이야기는 누군가에게 큰 위로가 되고, 또 다른 이의 삶을 밝히는 따뜻한 등불이 된다.

자세가 명품인 사람과 그 반대인 사람

우리는 흔히 "옷이 명품이다", "가방이 명품이다"라고 말한다. 하지만 사람의 첫인상을 결정하는 것은 옷이 아니라 자세다. 백화점 쇼윈도의 명품백보다, 곧게 선 허리와 당당한 걸음걸이가 더 큰 존재감을 준다. 그럼에도 많은 이들이 이 사실을 잊곤 한다.

자세가 명품인 사람

- 윤여정 배우

  오스카 시상식 무대 위에 선 윤여정을 떠올려 보라. 화려한 드레스보다 눈에 먼저 들어온 것은 흐트러짐 없는 곧은 자세와 당당한 태도였다. 나이와 국적을 넘어 전 세계가 그녀에게 주목한 건 바로 그 자세의 힘이었다.

- 김희애 배우

  드라마 속에서도, 일상에서도 허리를 곧게 세우고 단정한 자세를 유지하는 모습이 인상적이다. 그녀의 스타일이 늘 '고급스럽다'는 평가를 받는 이유는 옷이 아니라 품위 있는 자세 때문이다.

- 차인표 배우

  꾸준한 운동과 바른 자세 덕분에 언제나 '젊은 아우라'를 풍긴다. 그가 서 있는 모습 자체가 곧 건강한 삶의 증거가 된다.

자세가 명품이 아닌 사람

반대로 자세가 흐트러진 경우, 아무리 좋은 옷을 입어도 빛을 잃는다. 어깨가 구부정하고 시선이 땅을 향하면, 화려한 옷도 자신감 없는 인상만 남긴다. 걸음걸이가 힘없이 끌리면 실제 나이보다 더 늙어 보이고, 심지어 건강까지 의심받을 수 있다.

결국, 명품을 걸쳐도 자세 하나가 이미지를 무너뜨릴 수 있다.

자세는 태도의 언어

철학자 니체는 말했다.

"우리는 생각하는 대로 살아가는 것이 아니라, 살아가는 대로 생각한다."

자세도 마찬가지다. 허리를 곧게 펴면 마음이 당당해지고, 시선을 올리면 사고가 넓어진다.
즉, 자세는 단순한 신체적 모양이 아니라, 삶을 대하는 철학적 태도다.
허리를 펴고, 가볍게 미소 지으며, 한 걸음씩 당당히 내디딜 때, 당신은 이미 명품 같은 사람이다.

목소리도 명품이 있다

우리는 흔히 가방, 시계, 옷을 '명품'이라 부른다.
하지만 사실 목소리야말로 평생 지니고 다니는 나만의 진짜 명품이다.

목소리는 나의 인생 기록

얼굴이 세월의 주름을 따라 변하듯, 목소리도 삶의 굴곡을 닮아간다. 젊을 때의 맑고 경쾌한 음성은 나이를 먹으며 낮고 깊은 톤으로 바뀌어 간다. 그 변화 속에는 우리가 살아온 시간과 경험이 녹아 있다. 그래서 어떤 시니어의 목소리를 듣다 보면, "저 목소리에는 세월의 지혜가 담겨 있다"는 존경이 절로 생긴다. 이것이 바로 명품의 울림이다.

나 역시 라디오 청취를 즐기는데, 특히 가수 이현우의 《음악앨범》을 좋아한다. 자연스럽고 편안하며 분위기 있는 그의 목소리는 그 자체로 매력적이다. 한번은 분장실에서 우연히 이현우 씨와 통화한 적이 있었는데, 전화기 너머로 들려오는 그의 음성은 마치 라디오 속 그 순간처럼 느껴졌다. 2007년부터 현재까지 이어지는 그 프로그램의 힘은, 결국 명품 보이스 덕분일 것이다.

명품 목소리의 주인공들

• 배우 이순재 선생님

단순한 대사가 아니라 듣는 이를 압도하는 무게가 있다. 나이의 깊이가 만들어낸 울림이다.

• 가수 이미자 선생님

노래는 단순한 음이 아니라 우리 마음을 어루만지는 감성의 자산이다.

66년의 무대 인생은 목소리 자체가 '위로의 역사'였음을 보여준다.

• 성우 박일 선생님

수십 년간 변함없는 톤과 울림. 꾸준히 쌓아온 목소리의 무게는 그 자체로 예술이다.

이들의 목소리를 들으면, 왜 우리가 "명품은 세월을 견딘다"고 말하는지 알 수 있다.

목소리는 내면의 온도

철학자 하이데거는 말했다.

"언어는 존재의 집이다."

그렇다면 목소리는 곧 내 존재의 온도다. 따뜻한 목소리는 상대의 마음을 녹이고, 단단한 목소리는 신뢰를 준다. 결국 목소리는 단순한 소리가 아니라, 내가 세상과 만나는 방식이자 삶의 태도를 드러내는 창이다. 나이가 들수록 목소리는 더 큰 힘을 발휘한다. 조금 더 느리게, 그러나 단단하게. 조금 더 낮게, 그러나 따뜻하게. 그 목소리 속에서 사람들은 단순한 말이 아니라

당신이 걸어온 세월, 품격, 그리고 지혜를 듣게 된다.

연예인 목소리 관리 Tip

1. 성우 박일 선생님 – "꾸준함이 목소리를 지킨다"

박일 선생님은 수십 년간 드라마, 광고, 다큐멘터리를 통해 늘 안정감 있는 톤을 유지했다.

그 비밀은 매일 일정한 시간에 발성 연습을 했다는 것.

아침마다 신문을 소리 내어 읽으며 발음과 호흡을 점검했다고 한다.

▶ 실천팁 : 아침에 신문 기사 한 꼭지를 읽는 습관. 목소리의 체력이 달라진다.

2. 엘레지의 여왕 가수 이미자 선생님 – "목소리는 관리하는 악기"

이미자 선생님은 노래할 때 놀라운 발성과 감성을 유지한다. 66년이라는 가수의 삶으로 많은 사람들에게 위안을 주었고, 2025년4월 84세로 66주년 고별무대를 마지막으로 라이브로는 만날 수 없게 되었다.

이미자 선생님은 목을 악기처럼 여겼고. 찬 음식을 피하고, 무리한 고음 연습을 하지 않는 것이다.

▶ 실천팁 : 아이스 음료 대신 따뜻한 차를 선택. 목소리는 따뜻함을 기억한다.

3. 배우 이순재 선생님 – "말은 인격이다"

이순재 선생님은 무대와 드라마에서 오랫동안 명확한 발음과 카리스마 있는 목소리를 유지했다.

"말은 그 사람의 인격"이라 강조하며, 빠르지 않게, 그러나 또렷하게 말하기를 습관화했다.

▶ 실천팁 : 대화를 할 때 '조금 더 천천히, 조금 더 또렷하게' 말하기. 상대가 느끼는 존중감이 달라진다.

4. 테너 조수미 선생님 – "호흡이 목소리의 뿌리"

세계적인 성악가 조수미는 나이와 상관없이 탁월한 호흡으로 맑은 소리를 낸다.

그녀는 복식호흡을 일상처럼 사용하며, 심지어 일상 대화조차 호흡 훈련의 연장으로 여긴다고 한다.

▶ 실천팁 : 숨을 들이쉴 때 배가 부풀고, 내쉴 때 배가 들어가도록 하루 5분 연습하기.

명품 가방은 시간이 지나면 닳고, 명품 시계는 언젠가 멈춘다. 그러나 명품 목소리는 세상을 떠난 뒤에도 사람들의 기억 속에 오래 남는다. 그러니 오늘 하루, 목소리를 조금 더 다정하게, 조금 더 곱게 가꾸어 보자. 그것이야말로 세상에 단 하나뿐인, 당신만의 진짜 명품이다.

당신의 얼굴 탄력은 나이 숫자만큼 회복력이 걸린다

나이는 속도가 아니라 회복력의 크기

20대에는 밤새워도 하루면 회복됐다. 하지만 지금은 그 회복에 시간이 더 걸릴 뿐, 불가능한 것은 아니다. 얼굴 탄력 역시 나이가 문제가 아니라, 회복의 시간표가 달라졌을 뿐이다.

연예인들의 루틴에서 배우는 '회복력 관리법'

• 김성령 배우 (60대)

"피부는 햇볕을 멀리하는 순간부터 달라진다."

촬영이 없을 때도 선크림을 꼼꼼히 바르고, 저녁에는 수분 팩으로 피부를 진정시킨다.

▶ 메시지 : 탄력은 회복 시간을 줄이는 생활 습관에서 시작된다.

• 김희애 배우 (50대)

꾸준한 요가와 충분한 수분 섭취를 강조한다.

운동으로 혈액순환이 좋아지면 피부는 자연스럽게 빛을 되찾는다.

▶ 메시지 : 얼굴의 탄력은 결국 몸의 탄력에서 비롯된다.

• 전도연 배우 (50대 초반)

여러 단계를 거치지 않고, 단순한 클렌징과 필요한 보습만 지킨다.

피부 자극을 최소화하는 것이 그녀의 철학이다.

▶ 메시지 : '덜 하는 관리'가 오히려 피부의 본래 회복력을 깨운다.

당신을 위한 실천 팁

- 얼굴 근육 스트레칭 : 하루 한 번, 아 · 이 · 우 · 에 · 오를 크게 발음하며 얼굴 근육 풀기.
- 숙면 루틴 : 가능하다면 저녁 11시 30분 이전 취침. 숙면이 피부의 콜라겐을 지킨다.
- 수분 & 단백질 : 피부는 물과 단백질로 회복 탄성을 키운다.
- 햇볕 차단 : 외출 전 선크림은 '선택'이 아니라 '필수'다.

얼굴의 탄력은 단순히 나이가 결정하지 않는다. 그것은 나를 어떻게 돌보고, 회복을 얼마나 성실히 챙기느냐의 결과물이다. 당신의 얼굴은 세월을 기록하면서도, 관리하는 만큼 새로운 젊음을 다시 써 내려갈 수 있다.

50대부터 부지런해져야 젊게 산다

50대 이후, 하루하루가 더욱 소중하게 다가온다. 그러나 동시에 몸과 마음은 조금씩 느려지고, 회복력은 줄어든다. 그래서 부지런함이야말로 젊음을 지키는 비밀 열쇠가 된다.

"부지런함은 단순한 활동이 아니다"

부지런하다는 건 아침에 일찍 일어나거나 청소만 하는 것이 아니다.

- 몸을 움직이는 부지런함 : 가벼운 산책, 근력 운동, 스트레칭
- 마음을 움직이는 부지런함 : 책 읽기, 새로운 취미 배우기, 친구에게 연락하기

이 두 가지 부지런함이 합쳐져야, 몸과 마음이 함께 젊음을 유지한다.

부지런함은 삶의 속도

철학자 아리스토텔레스는 말했다.

"행복은 활동 속에 있다."

나이가 들수록 느려지는 시간을 탓하기 쉽다. 그러나 삶은 결국 내가 움직이는 속도만큼 활기차진다. 따라서 50대 이후의 부지런함은 단순한 습관이 아니라, 삶의 리듬을 되찾는 철학적 태도다.

부지런함이 만드는 젊음의 효과

- 신체 : 근육과 관절이 활력을 유지하고 회복력이 빨라진다.
- 정신 : 두뇌가 활발해지고 스트레스가 줄어든다.
- 외모 : 얼굴에 생기가 돌고 피부와 표정에 활력이 생긴다.

결국 부지런함은 외적 젊음과 내적 건강을 동시에 지켜주는 비밀 무기다.

실제 시니어 사례

- 김혜자 배우
  매일 아침 운동과 산책, 꾸준한 독서와 연습으로 연기력과 건강을 동시에 유지한다.
- 윤여정 배우
  나이를 핑계 삼지 않고 촬영 현장과 무대에서 꾸준히 에너지를 발휘한다.
- 일반 시니어들
  요가, 필라테스, 봉사활동 등 꾸준히 몸과 마음을 쓰는 사람들은 오히려 10년 전보다 젊은 에너지를 유지한다.

공통점은 단 하나, 부지런함이 곧 젊음의 비결이라는 사실이다.

50대 이후, 젊음을 유지하는 비밀은 돈도, 명품도, 화려한 외모도 아니다. 바로, 부지런함. 즉, 몸과 마음을 꾸준히 움직이는 작은 습관이다. 오늘 하루, 조금 더 움직이고, 조금 더 배우고, 조금 더 웃어보자. 그 작은 부지런함이 쌓여, 당신의 삶은 50대 이후에도 충분히 젊게 빛날 수 있다.

! 오늘의 부지런 체크리스트

- 몸을 위한 부지런함
  - ☐ 오늘 30분 이상 걷기
  - ☐ 스트레칭 10분으로 허리와 어깨 풀기
  - ☐ 물 8잔 이상 마시기
- 마음을 위한 부지런함
  - ☐ 책 한 쪽이라도 읽기
  - ☐ 새로운 취미나 관심사 하나 찾아보기
  - ☐ 오랫동안 연락 못한 친구 · 지인에게 안부 인사 보내기

• 표정을 위한 부지런함

- ☐ 거울 앞에서 미소 연습하기
- ☐ 하루 동안 세 번 이상 크게 웃기
- ☐ 오늘 가장 감사한 일 한 가지 기록하기

타인을 위한 배려심은 20년 젊게 살 수 있다

나이가 들수록 우리는 자신에게 집중하기 쉽다. 하지만 진정한 젊음은 타인을 향한 마음과 행동에서 비롯된다. 작은 배려 하나가 몸과 마음을 젊게 만들고, 인생 전체에 활력을 불어넣는다.

배려심이 가져오는 젊음의 효과

- 정서적 젊음 : 타인을 도울 때 분비되는 행복 호르몬(도파민, 옥시토신)이 마음을 밝게 한다.
- 사회적 젊음 : 관계가 활발해지고, 외로움과 우울감이 줄어든다.
- 신체적 젊음 : 스트레스가 감소하고, 혈압·심혈관 건강이 개선된다.

배려는 마음뿐 아니라 몸까지 젊게 만드는 '비밀 엘릭서(만병통치약)'다.

타인을 위한 삶은 자기 삶을 연장한다
철학자 마르쿠스 아우렐리우스는 말했다.

"자신의 행복은 타인의 행복과 분리될 수 없다."

배려는 단순한 친절이 아니라, 삶을 충만하게 만드는 철학적 태도다. 타인을 생각하며 행동하는 순간, 우리는 정신적으로 활기를 얻고 생기가 돌기 시작한다. 즉, 배려는 곧 내 마음과 몸을 젊게 만드는 원동력이다.

연예인 사례

- 고두심 배우

  촬영장에서 후배 배우와 스태프를 세심하게 챙기고, 작은 말에도 진심을 담는다.

  이러한 배려심이 그녀의 얼굴과 삶 전체에 활력과 젊음을 불어넣는다.

- 박원숙 배우

  나이를 넘어 상대를 존중하고 배려하는 태도로 팬과 동료들에게 깊은 신뢰를 준다.

  그녀의 따뜻한 마음이 곧 품격과 젊음을 유지하는 비결이다.

공통점은 하나. 배려심이 곧 젊음을 지키는 힘이라는 사실이다.

연구 사례

하버드 성인발달연구 (Harvard Study of Adult Development)

연구에 따르면, 타인을 도우며 친절을 실천한 시니어들은 사회적 관계가 활발하고, 신체적·정신적 건강이 더 오래 유지되었다. 배려와 친절은 실제로 수명을 연장하고 젊음을 유지하는 요인으로 밝혀졌다.

실천 팁 – 배려 습관 만들기

- 하루 한 번 칭찬하기 : 가족·친구·동료에게 진심 어린 칭찬 전하기
- 작은 도움 주기 : 짐 들어주기, 길 안내, 손님 맞이 등 사소한 친절 실천
- 경청하기 : 상대의 이야기를 끝까지 들어주고 기다려주는 태도

작은 실천이 쌓일수록, 몸과 마음은 젊음을 회복한다.

배려심은 단순한 덕목이 아니다. 그것은 삶을 젊게 만드는 비밀 무기다. 오늘 하루, 타인을 향한 작은 친절을 실천하는 순간, 당신은 이미 20년 젊은 삶을 살아가고 있는 것이다.

취미가 없는 사람과 취미가 있는 사람의 차이점

나이가 들수록 취미는 단순한 여가가 아니다. 그것은 삶의 활력과 젊음을 유지하는 중요한 열쇠다. 같은 나이라도 취미를 가진 사람과 그렇지 않은 사람은 건강, 마음가짐, 사회적 관계에서 큰 차이를 보인다.

취미가 없는 사람

1. 정신적 특징

- 반복되는 일상 속에서 무료함과 무기력을 느낄 가능성이 높다.

• 뇌 자극이 적어 기억력과 집중력이 떨어질 수 있다.

2. 신체적 특징
   • 운동이나 움직임이 부족해 체력과 근력이 줄어든다.
   • 이는 곧 자세, 얼굴 탄력, 활력에도 영향을 준다.

3. 사회적 특징
   • 친구·모임과의 연결이 약해지고, 외로움과 우울감에 노출될 가능성이 크다.

취미가 있는 사람

1. 정신적 특징
   • 새로운 기술을 배우거나 창작 활동으로 뇌를 지속적으로 자극한다.
   • 문제 해결 능력과 창의력이 살아나며, 자기만족감과 행복감이 커진다.

2. 신체적 특징
   • 운동, 춤, 정원 가꾸기 등 신체 활동과 연결되면 체력과 근력이 유지된다.
   • 얼굴과 자세, 건강 전반에 긍정적 영향을 준다.

3. 사회적 특징
   • 취미 모임·동호회·클래스를 통해 교류하며 사회적 관계망이 확장된다.
   • 외로움과 우울감이 줄고 삶의 의미가 풍성해진다.

취미는 삶의 산소

철학자 니체는 말했다.

"삶을 사랑하는 사람은 그 삶 속에서 창조를 즐긴다."

취미는 단순한 여가가 아니라, 삶에 활력을 불어넣는 산소다. 하루 30분이라도 나를 위한 시간을 가지는 사람은 그 속에서 몸과 마음을 젊게 유지한다.

시니어 연예인 취미 사례

- 박준금 배우
  연기 활동 외에도 음악, 요가, 글쓰기를 꾸준히 이어간다.
  취미가 그녀의 창의력, 집중력, 활력 있는 표정으로 이어진다.

• 채시라 배우
  요리와 정원 가꾸기를 즐기며, 팬들과도 취미를 공유한다.
  작은 취미가 일상 속 즐거움과 사회적 활력을 만들어 준다.

이들의 공통점은 취미를 통해 정신과 몸을 동시에 젊게 유지한다는 것이다.

실천 팁 – 취미 찾기

- 소소한 관심부터 : 그림, 음악, 사진, 글쓰기, 식물 가꾸기 등
- 작게 시작하고 꾸준히 : 하루 20~30분만 투자해도 충분
- 사람과 연결된 취미 : 클래스 · 동호회 · 온라인 커뮤니티 참여

! 취미 자가진단 체크리스트

오늘 바로 시작할 수 있는 나만의 취미를 찾기 위해 아래 질문에 체크해보세요.

1. 내가 좋아하는 것

- ☐ 음악 듣기/노래하기
- ☐ 그림 그리기/사진 찍기
- ☐ 책 읽기/글쓰기
- ☐ 영화 · 드라마 감상
- ☐ 요리/베이킹
- ☐ 식물 · 정원 가꾸기

2. 내가 관심 있는 분야

- ☐ 건강 운동 (요가, 필라테스, 산책, 댄스 등)
- ☐ 창작 활동 (공예, 글쓰기, 악기, 미술 등)
- ☐ 배움과 공부 (외국어, 역사, 철학 등)

☐ 봉사 활동 (지역 모임, 돌봄, 재능 기부 등)
☐ 여행/탐방 (문화 체험, 등산, 박물관 관람 등)

3. 함께할 사람

☐ 혼자서 몰입하는 게 좋다
☐ 가족과 함께하고 싶다
☐ 친구 · 지인과 나누고 싶다
☐ 동호회나 온라인 커뮤니티와 연결되고 싶다

작은 취미 하나가 쌓이면, 삶 전체가 풍요롭고 활기차게 변한다. 취미가 없는 사람과 취미가 있는 사람의 차이는 단순히 '재미'의 유무가 아니다. 그것은 삶의 활력, 정신적 젊음, 사회적 연결망을 좌우하는 힘이다.

오늘, 당신이 즐길 수 있는 작은 취미 하나를 시작하자. 그 순간부터 당신의 삶은 더 젊고, 더 활기차게 변할 것이다.

비언어적 행동으로 당신을 더욱 빛나게 하는 방법

말보다 강력한 메시지를 전달하는 것이 있다. 바로 몸짓, 표정, 눈빛, 자세와 같은 비언어적 행동이다. 나이가 들수록 우리는 말보다 몸과 태도로 많은 것을 표현하게 된다. 이 신호들을 잘 활용하면, 당신의 품격과 매력은 한층 높아진다.

1. 자세 – 당신의 첫인상을 결정한다

• 허리 펴고 어깨 살짝 뒤로

구부정한 자세는 나이를 더 들어 보이게 하지만, 곧은 자세는 활력과 자신감을 드러낸다.

• 앉을 때도 품격 있게
다리를 꼬거나 몸을 웅크리지 않고 자연스럽게 앉으면 편안하면서도 우아함을 표현할 수 있다.

철학적 관점 : 몸이 말하는 자신감은 곧 마음까지 연결된다.
『자세를 바꾸면 마음도 바뀐다.』

2. 시선과 눈빛 – 말하지 않아도 마음을 전한다

• 진심 어린 시선
상대와 눈을 마주하면 신뢰와 친근감이 생긴다.

• 흩어지지 않는 시선
잦은 깜빡임이나 흔들리는 눈빛은 불안감을 줄 수 있으므로 자연스러움을 유지하는 것이 좋다.

철학적 관점 : 눈빛은 가장 진실한 언어다.
『말보다 오래 남는 것은 '누가 나를 어떻게 바라봤는가'이다.』

3. 표정 – 당신의 분위기를 바꾼다

• 작은 미소의 힘
작은 미소 하나만으로도 분위기를 밝히고, 자신에게도 긍정적 에너지를 준다.

• 건강한 효과
웃음은 얼굴 근육을 자극해 탄력 유지에 도움을 준다.

철학적 관점 : 얼굴은 마음을 비추는 거울이다.
『긍정적인 표정은 내 마음뿐 아니라, 보는 사람의 마음까지 젊게 만든다.』

4. 손과 팔짓 – 말에 힘을 실어준다

- 자연스러운 손짓
  말을 할 때 손을 살짝 사용하면 설득력과 자신감이 증가한다.
- 소극적 습관 피하기
  손을 꼭 움켜쥐거나 주머니에 넣으면 긴장감이 드러난다.

철학적 관점 : 몸짓은 말과 마음을 이어주는 다리다.
『손과 팔은 말하지 않아도 당신의 내적 에너지를 보여준다.』

실천 팁 – 비언어적 행동 습관 만들기

- 거울 앞에서 자세 점검
  하루 1~2분, 허리와 어깨를 펴고 자연스럽게 서기
- 표정 · 눈빛 · 손짓 연습
  거울이나 카메라로 스스로 확인하며 자신에게 맞는 표정 찾기
- 시선 맞추기
  대화할 때 눈을 바라보고 미소 짓기. 작은 습관이 신뢰와 친근감을 높인다.

말보다 강력한 언어, 그것이 바로 비언어적 행동이다. 자세, 표정, 시선, 손짓 같은 작은 습관들이 쌓일수록 당신의 매력과 품격은 자연스럽게 빛나게 된다. 오늘부터 단 하나의 비언어적 행동을 의식적으로 바꾸어 보자. 그 순간부터 당신의 존재감과

젊음은 이미 주변 사람들에게 전달되기 시작할 것이다.

공감을 잘 하는 사람들의 공통점

공감은 단순히 '상대의 이야기를 들어주는 것을 넘어, 관계와 삶을 풍요롭게 만드는 능력이다.
나이가 들어도 공감을 잘하는 사람들은 주변으로부터 신뢰와 사랑을 받으며, 자신의 삶 또한 더욱 행복하고 활기차게 살아간다.

공감하는 사람들의 특징

1. 경청하는 습관이 있다

- 상대의 말을 끊지 않고 끝까지 들어준다.
- 감정과 상황을 이해하려는 마음으로 듣는다.

▶ 철학적 관점 : 듣는 행위는 마음을 열고 타인과 연결되는 첫걸음이다.

니체는 "진정한 인간관계는 이해로 시작된다"고 말했다.

2. 감정을 읽고 표현할 줄 안다

- 표정, 톤, 몸짓에서 감정을 빠르게 감지한다.
- "알겠어요" 대신 눈빛, 미소, 손짓 등 비언어적 신호로 공감을 전한다.

▶ 심리적 관점 : 감정을 잘 읽고 표현하는 사람은 신뢰와 친밀감을 높인다.

3. 자신의 경험을 적절히 연결한다

- "나도 비슷한 경험이 있어요"라며 공감대를 형성한다.
- 단, 자신의 이야기가 중심이 되지 않도록 주의한다.

▶ 철학적 관점 : 공감은 나와 너를 연결하는 다리이며, 균형을 유지하는 지혜가 필요하다.

4. 판단하지 않고 열린 마음을 가진다

- 비판이나 평가 대신 있는 그대로 받아들인다.
- 존중하는 태도 속에서 상대는 마음을 열고 진실하게 표현할 수 있다.

▶ 심리적 관점 : 판단을 내려놓으면 깊은 신뢰와 유대감이 만들어진다.

실천 팁 – 공감 능력 키우기

- 오늘 만나는 사람의 말, 한 번 더 경청하기
- 표정과 눈빛으로 이해와 관심 표현하기
- 경험을 짧게 연결하되, 상대가 중심이 되도록 하기
- 판단과 비판을 잠시 멈추고 열린 마음 갖기

공감을 잘하는 사람은 말보다 마음으로 소통하는 사람이다. 경청, 감정 읽기, 열린 마음, 그리고 작은 배려가 합쳐질 때, 삶은 더욱 풍요로워지고, 관계는 깊어지며, 나 자신도 젊어진다. 오늘, 단 한 사람에게라도 진심으로 공감해보자. 당신의 마음뿐 아니라, 주변 사람의 마음까지 빛나게 된다.

맛있게 먹는 모습이 건강하고 예쁘다

음식은 단순히 배를 채우는 행위가 아니다. 한 입, 한 입에서 몸과 마음의 건강, 삶의 즐거움이 드러난다. 특히 시니어에게는 맛있게 먹는 모습 자체가 젊음과 활력의 신호다. 연암 박지원의 민옹전에는 이런 이야기가 있다. 몸이 약해 입맛을 잃었던 박지원이, 민옹이 시원하게 밥을 먹는 모습을 보고 자신도 신기하게 입맛이 돌아와 맛있게 밥을 먹게 되었다는 일화다.

『당신의 먹는 모습은 누군가의 입맛을 되살릴 수도 있다.』

맛있게 먹는 자세와 태도

- 밝은 표정과 자연스러운 미소
  얼굴 근육이 움직이며 생기가 돌고 탄력 유지에도 도움 된다.
- 천천히, 집중하며 먹기
  한 입 한 입 음미할수록 소화와 영양 흡수가 좋아지고, 음식에 대한 감사함도 커진다.

▶ 철학적 관점 : 먹는 행위를 단순한 생존이 아닌 삶을 즐기는 의식으로 바라볼 때, 몸과 마음은 젊어진다.

맛있게 먹는 모습이 주는 힘

- 주변에 활력 전달
  즐겁게 먹는 모습은 함께하는 사람에게도 긍정적 에너지를 전한다.
- 사회적 신호
  활기차게 음식을 즐기는 모습은 건강하고 생기 있어 보이는 인상을 준다.

실천 팁 – 맛있게 먹는 습관

- 천천히, 한 입씩 음미하며 먹기
- 색감·향·질감을 느끼며 음식에 감사하기
- 함께 먹을 땐 미소와 즐거움 나누기
- 카메라 앞 연출보다 자신과 상대를 위한 즐거움에 집중하기

맛있게 먹는 모습은 단순한 행동이 아니다. 그 안에는 건강, 활력, 즐거움, 자신감이 담겨 있다. 오늘, 한 끼를 감사와 미소로

즐겨보자. 당신의 모습은 자연스럽게 아름답고, 건강하게 빛나게 될 것이다.

CHAPTER
06

50대의 아름다운 여정

CHAPTER

06 50대의 아름다운 여정

나의 내적 아름다움을 만들어준 친구들...

"이제 50부터는 나 자신을 더 돌봐야 한다"

가끔 전화를 걸어와 "서빈아, 너 요즘 잘 지내? 불편한 데는 없니?" 묻는 친구가 있다. 사실 그 말은 곧 "나 요즘 갱년기로 힘든데, 너도 그렇니?"라는 확인 전화다. 솔직히 약이 올라서 나는 이렇게 답한다.

"응, 난 아주 괜찮아. 왜?"

사실은 거짓말이다. 내가 힘들 땐 정작 내 마음을 공감해주지 못하던 친구였으니까. '왜 내가 지금 네 마음을 꼭 공감해줘야 하지?' 괜히 심통이 났다. 쪼잔한 마음인 줄 알면서도, 그렇게 해야 속이 시원했다. 아마 당신도 이런 경험이 있었을 것이다.

사실, 내적 아름다움은 그리 거창한 게 아니다. 서로의 공감대 속에서 조금씩 성장하고, 때론 다투기도 하면서 다시 이어지는 것. 그 과정이 우리를 단단하게 만들고, 결국은 서로의 '내적 아름다움'을 빛나게 한다.

외적 아름다움은 건강수명도 길게한다

"외적 아름다움은 내적 갈등에서부터 발현된다"

외적 아름다움을 만들기 위해선 먼저 마음을 다잡아야 한다. 그러나 마음먹기가 쉽지 않다. 그래서 50부터 60이 되기 전에 준비가 필요하다. 왜냐하면 60 이후에는 급속한 노화로 인해, 열정 · 사랑 · 관심 · 근력 같은 것들을 유지하기 위해 더 많은 노력과 에너지가 필요하기 때문이다.

지금 이 순간 이 책을 손에 들고 있다면, 부디 마음을 다잡기를 바란다. 한 번쯤은 정방향으로 살아왔다면, 반대 방향으로도 살아보자. 손해 볼 일은 없다. 실행은 언제나 고민보다 효율적이다.

"갱년기, 그리고 변화의 시작"

앞자리가 바뀌어 가는 나이, 남녀 모두 '예전 같지 않다'는 순간을 맞이한다. 이제 본격적으로 갱년기가 시작된다. 누군가는 변해가는 컨디션과 이미지를 아쉬워하지만, 또 다른 누군가는 나이보다 훨씬 동안의 모습으로 살아간다. 그 차이는 어디서 오는 걸까?

“바로 거울을 보는 습관이다”

연예인들은 하루에 50번 이상 거울을 본다고 한다. 멋쟁이 일반인들 역시 거울 앞에 자주 선다. <40이 되면 자기 얼굴을 책임져야 한다>는 말처럼, 주름·탄력·잡티는 내 노력이 관리하는 영역이다.

“거울은 나를 지키는 도구다”

거울을 자주 본다는 건 단순한 허영이 아니다. 내 얼굴을 점검하고, 내 이미지를 돌보는 가장 실천적인 방법이다.

- 점점 늘어나는 주름을 발견했을 때 → 관리법을 찾을 수 있다.
- 탄력이 떨어지는 순간 → 운동·마사지·스킨케어를 시작할 수 있다.
- 잡티가 생기는 순간 → 생활 습관을 돌아볼 수 있다.

참고로, 연예인들의 필수 아이템은 늘 예쁜 손거울과 썬크림이다. 그렇다면 당신의 필수 아이템은 무엇인가? 지금 당장 가방 속을 들여다보자. 만약 없다면, 오늘이라도 가까운 가게에서 손거울과 자외선 차단제를 준비하라. 그 작은 준비가 당신의 외적 아름다움을 지키는 가장 확실한 첫걸음이 된다.

50대, 60대의 당신이 듣고 싶은 첫인사

오랜만에 만나는 친구나 지인들. 그들의 첫마디는 우리 기분을 좌우한다.

"더 젊어 보이네!"

"세월이 안 지나간 것 같아."
"여전히 예쁘다, 멋있다."

이런 말은 누구나 듣고 싶다. 하지만 현실은 다르다.

"야, 어디 아팠어?"
"무슨 일 있었니?"
"살 좀 찐 거 아니야?"
정작 다이어트로 체중을 빼고 건강을 되찾은 상태인데도, 이런

'웃지 못할 인사'를 듣게 되는 경우가 많다.

나의 경험 — 다이어트 서바이벌 1등

나 역시 갱년기에 접어들면서 옆구리 살이 불어나는 걸 보며 위기감을 느꼈다. 그러다 살을 감량 중이던 지인의 권유로, 쥬비스의 다이어트 서바이벌 프로그램에 참여해 1등을 차지한 경험이 있다. 지금도 그때의 동영상이 남아 있다. 예전 같으면 부끄러워 절대 촬영하지 않았을 것이다. 하지만 이제는 후회가 없다. 그 순간이야말로 내 건강한 아름다움과 매력을 회복하는 용기 있는 선택이었기 때문이다.

듣기 좋은 말, 그리고 '새빨간 거짓말'

사람은 누구나 듣기 좋은 인사를 좋아한다. 하지만 사람들은 의외로 솔직하다. 그 솔직함 뒤에는 종종 질투와 시기가 숨어 있다. 물론 예외도 있다. 진심 어린 칭찬을 해주는 소수의 사람들. 그래서 묻게 된다.

"나는 새빨간 거짓말을 잘하는 사람인가, 아니면 솔직한 사람인가?"

이 질문은 곧 나의 사회성을 돌아보는 계기가 된다. 내 주변의 인간관계 속에서 나는 어떤 방식으로 관계를 맺고 있는가를 생각해 볼 필요가 있다.

사회적 관계에서 '새빨간 거짓말'의 힘

사회적 관계에서 새빨간 거짓말은 듣는 사람의 귀를 즐겁게 자극한다. 적절히 사용하면 인간관계를 성공적으로 이끄는 유연한 원동력이 된다. 하지만 주의할 점도 있다. 시도 때도 없는 과한 거짓말은 '속 없는 사람'으로 보일 수 있다. 따라서 타이밍과 스킬이 중요하다.

28년간 연예인, 명사, 모델, 아나운서, 일반인들을 만나며 기분 좋은 첫인사를 배우게 되었다.
"○○ 배우님, 의상이 배우님 덕분에 더 사네요!"
→ 배우에게 의상이 잘 어울린다는, 기분 좋은 칭찬.

"의상이 죽는데요."
→ 배우는 예쁘지만, 의상은 어울리지 않는다는 말.(분위기를 깨뜨릴 수도 있다)

현장에서는 설사 사실이 그렇다 해도, 새빨간 거짓말을 적절히 활용해 배우의 기분을 띄워주는 것이 훨씬 낫다. 그래야 좋은 분위기 속에서 피로가 줄고, 함께 웃으며 보람 있게 일할 수 있다.

굳이 너무 솔직할 필요는 없다. 무엇보다 중요한 건 자연스러운 대화와 태도다. 새빨간 거짓말이라도 누군가를 기쁘게 하고 관계를 부드럽게 만든다면, 그것은 단순한 거짓이 아니라 사회적 지혜다.

당신의 외적 아름다움을 위해 험담과 뒷담화는 손절하자

"얼굴은 나의 스토리를 증명하는 지도다"

웃음이 많은 사람은 입꼬리와 눈가에 주름이 남고, 근심이 많은 사람은 미간에 깊은 선이 생긴다. (※ 단, 시력 문제로 인한 습관적 미간 주름은 제외)

요즘은 소모임이 많다. 나 역시 몇 명의 친구들과 만남을 갖는다. 그런데 꼭 한 명쯤은 존재감을 드러내려는 친구, 불편하게 만드는 친구가 있다. 대화의 시작은 늘 험담과 질투다. 마치 브레이크가 고장 난 자동차가 내리막길을 질주하는 것처럼 끝이 없다. 예쁘게 화장하고 샤○ 원피스에 에르○스 가방까지 들었는데, 험담을 늘어놓는 그 모습은 오히려 전통시장에서 고함치는 장터의 풍경과 닮아 있었다.

"이왕이면 험담도 우아하게 하지, 그랬다면 네가 진짜 명품이었을 텐데…"

그런 대화를 듣고 있으면 기운이 빠지고, 10km 마라톤을 완주한 듯 지친다. 마라톤엔 메달이라도 있지, 험담 마라톤은 메달조차 없다. 심지어 멀미까지 덤으로 온다. 그래서 화제를 바꿔 식사부터 하자고 했더니, 친구는 입을 꼭 다물어 버렸다. 잠시 화장실에 다녀와도 여전히 자물쇠처럼 굳은 입. 결국 내가 먼저 토닥여 자물쇠를 풀어주었고, 끝내는 내가 사과까지 했다. 돌아보면 경청 훈련이 필요했던 내 잘못이기도 했다.

험담이 주는 진짜 손해

이런 성향의 사람들은 대체로 외적 분위기도 나이 들어 보인다. 화장, 헤어, 패션도 세련미보다 자기 고집이 강하거나, 아예 외모 관리에 무관심한 경우가 많다. 물론 내 친구를 디스하고 싶은 마음은 아니다. 다만 험담과 자기중심적인 태도는 결국 얼굴과 태도에 그대로 드러난다는 사실이다. 반대로, 세련되고 지적인 사람은 상황에 맞게 "새빨간 거짓말"도 자연스럽게 한다. 상대의 기분을 다독이며 분위기를 유연하게 만드는 능력, 그것이 사회적 지혜이자 매너다.

험담 대신 배워야 할 것

- 경청 : 누군가의 마음을 들어주는 태도
- 유연한 칭찬 : 분위기를 긍정적으로 바꾸는 힘
- 작은 자기관리 : 화장·패션·건강 습관은 결국 내 이미지를 지킨다
- 외적 아름다움은 단순히 피부와 패션에서 오는 게 아니다.

내적 갈등을 다스리고, 험담과 뒷담화를 손절하는 순간부터 얼굴은 달라진다.
건강한 시니어의 삶을 원한다면, 지금부터 연습해야 한다.

- 시간을 어떻게 쓰는지,
- 마음을 어디에 두는지,
- 어떤 말을 선택하는지.

이 작은 분배가 결국 열정을 지닌 젊은 얼굴을 지켜준다. 오늘

부터라도 험담과 뒷담화를 내려놓자. 그 순간, 당신은 명품 가방이 아니라 명품 같은 얼굴과 태도를 가지게 된다.

! 외적 아름다움을 지키는 언어 습관 체크리스트

□ 험담 · 뒷담화는 입에 올리지 않는다

→ 나도 모르게 새어 나오는 말은 내 얼굴 주름과 표정으로 기록된다.

□ 칭찬 한마디를 먼저 건넨다

→ "오늘 얼굴이 밝네", "옷이 잘 어울려" 같은 긍정의 말은 상대의 마음과 내 얼굴을 동시에 빛나게 한다.

□ 불편한 마음은 돌려 말한다

→ 직설적인 비난 대신 "나는 이렇게 느꼈어"라고 표현하면 관계가 부드러워 진다.

□ 경청의 시간을 갖는다

→ 상대의 이야기를 끊지 않고 들어주면, 그 태도 자체가 품격이 된다.

☐ 웃으며 말한다
→ 미소와 함께 나오는 말은 같은 내용이라도 훨씬 따뜻하게 전달된다.

☐ 하루를 돌아보며 '오늘 내가 한 말 중 가장 아름다운 말'을 떠올린다
→ 의식적인 회고가 언어 습관을 개선한다.

방송국 분장실에서 만난 섹시한 시니어들

나는 지난 28년 동안 톱스타부터 일반인까지 수많은 사람들의 메이크업, 헤어, 스타일링을 해왔다. 그 경험 속에서 얻은 가장 큰 인사이트는 외적 아름다움은 결국 자기관리와 열정에서 비롯된다는 사실이다.

"연예인은 왜 철저하게 관리할까?"

연예인들은 동안 얼굴에 섹시함과 스타일을 유지하기 위해 끊임없이 관리한다. 왜냐하면 그들 자신이 곧 브랜드이기 때문이다. HD화질이 피부 속 모공까지 드러내는 요즘 방송 환경에서, 그들에게는 자기관리와 투자 외에는 선택지가 없다. 촬영장 분장실에서는 얼굴 부기를 빼기 위한 관리, 컨디션 조절 루틴이 일상이다.

시니어 연예인들이 주는 메시지

섹시한 시니어 연예인들을 볼 때마다 나는 생각한다.
'나도 저렇게 나이 들어야지.'

과거에는 시니어의 나이를 뒷모습만 봐도 알 수 있었지만, 지금은 앞모습을 봐도 나이를 가늠하기 힘든 경우가 많다. 자기 관리를 잘하는 시니어들은 자신의 워너비를 정하고, 그 스타일을 즐겁게 따라 하며 삶을 더욱 빛나게 만든다.

내가 기억하는 배우들

많은 배우들 가운데 특히 기억에 남는 이는 김희선 배우다. 처음 쌩얼로 봤을 때 '어쩜 얼굴이 이렇게 작고 예쁠 수 있을까?' 싶었다. 화장이 완성되자, 그녀는 더욱 매혹적이고 자연스러운 매력을 발산했다. 지금도 세월의 흔적을 찾기 어려울 만큼 열정적으로 활동하는 그녀의 모습은 팬으로서도, 아티스트로서도 큰 감동이었다.

또 한 번은 패션쇼에서 어떤 여성을 평범한 일반인으로 생각했는데, 화장을 마치고 나니 ○혜영 배우였다. 비포·애프터의 극적인 차이는 오히려 신선했고, 그 변화 속에서 '메이크업의 힘'과 '사람의 잠재된 매력'을 동시에 느꼈다.

현장에서 배운 교훈

처음에는 긴장도 많았다. <예쁜 배우들은 까다롭다>는 편견 때문에 더 조심스러웠다. 하지만 다행히 그런 경험은 없었고, 오히려 진심은 통했다. 김희선 배우에게 "팬이에요"라고 말했을 때, 그 순간 나 역시 큰 위로와 자신감을 얻었다. 이후 나는 깨달았다. 첫인사, 분위기, 립서비스 하나도 프로페셔널을 완성하는 중요한 기술이라는 것을.

수많은 기사와 연구에서 공통으로 말한다. 열정이 곧 매력이고, 섹시함이다.

- 외적 섹시함 : 패션, 스타일, 자기관리
- 내적 섹시함 : 열정, 태도, 삶에 대한 에너지

특히 50대 이후에는 섹시해지려는 트레이닝이 필요하다. 정년 이후 60부터는 노화로 열정이 줄어들기에 더 힘들다. 그러니 50부터 몸과 마음을 준비해 두어야 한다.

지금은 누구나 '콘텐츠'가 되는 시대

이제 아름다운 이미지는 연예인들만의 것이 아니다. 뷰티 인플루언서, 유튜버, SNS 크리에이터들이 자신만의 개성 있는 매력으로 대성공을 거두고 있다.

누구나 자기다운 아름다움을 브랜딩하는 시대. 나 또한 관찰자에서 주인공이 되어,

'어떻게 하면 건강하고 즐겁게, 좀 더 젊게 살 수 있을까?'

매일 고민한다. 이제는 나의 경험과 고민을 가이드라인 삼아, 현재와 미래의 시니어들이 열정과 섹시함을 유지하며 행복한 삶을 살길 바란다.

거울을 자주 보는 사람이 동안이다 (연예인은 거울을 자주봐서 동안이다)

"당신은 오늘 거울을 몇 번 봤는가?"

이 질문이 동안과 노안을 가르는 출발점이다. 연예인 중 거울을 보지 않는 사람은 없다. 그들은 하루에도 수십 번 거울을 확인하며, 피부 · 표정 · 스타일을 점검한다. 그래서 동안 연예인이 많은 것이다.

동안 연예인의 대표적인 사례로 박준금 배우를 들 수 있다. 그녀는 어느새 '60대 제니'라는 별칭을 얻었을 만큼 세련되고 당당한 매력을 발산한다. 네티즌들은 "20대보다 더 힙하다"라는 감탄을 보낼 정도로, 그녀의 패션 감각과 라이프스타일은 젊은 세대와 어깨를 나란히 한다.

하지만 단순히 외모와 스타일 때문만은 아니다. 박준금 배우는 자신만의 철학과 가치를 존중하고, 그것을 당당하게 드러내며 즐기는 태도를 보여준다. 바로 그 점이 시니어 세대가 본받고 싶은 워너비의 전형이 된다.

나 역시 거울을 자주 본다. 덕분에 종종 "와, 동안이시네요! 30대 후반처럼 보여요"라는 말을 듣는다. 그 순간 행복 호르몬은 최고치를 찍는다. "10년 젊어 보인다"는 말은 누구에게나 최고의 칭찬이다.

동안과 거울 습관

실제 나이보다 10살은 젊어 보이는 일반인들이 늘고 있다. 50세 이후에는 호르몬 변화로 외모가 급격히 달라진다. 이 시기야말로 외적 이미지 관리가 절실하다. 거울을 자주 보는 습관은 자기 점검과 동안 관리의 기본이다.

"동안을 위해 왜 거울이 중요한가?"

거울은 단순히 얼굴을 비추는 유리판이 아니다. 그 속에는 내가 어떤 모습으로 세상에 비춰지고 있는지가 고스란히 담긴다.

첫째, 조명과 환경에 따라 이미지는 달라진다. TV 화면 속 모습과 실제 얼굴이 다른 이유는 조명 때문이다. 강한 스튜디오 조명은 주름과 결점을 가려주기도 하지만, 때로는 작은 흠까지 도드라지게 만든다. 이 차이를 가장 먼저 확인할 수 있는 도구가 바로 거울이다.

둘째, 화장 전후의 변화는 거울에서 완성된다. 메이크업 아티스트가 포인트를 주는 순간, 얼굴은 단순히 예뻐지는 것을 넘어 분위기와 세련미를 갖춘다. 거울을 통해 자신에게 맞는 색과 스타일을 점검할 때, 비로소 '나만의 매력'이 살아난다.

셋째, 거울은 나를 객관화하는 도구다. 우리는 스스로를 항상 젊다고 느끼지만, 거울은 숨김없이 현실을 보여준다. 늘어진 어깨, 흐트러진 자세, 무표정한 얼굴은 거울 앞에서 가장 먼저 드러난다. 반대로 거울 앞에서 웃고 자세를 고치면, 그것은 곧 자기 자신을 다잡는 훈련이 된다. 즉, 거울은 단순히 외모를 확인하는 장치가 아니라, 나를 객관화하고, 더 나은 모습으로 교정하는 철학적 도구다. 거울을 자주 보는 습관이 동안 관리의 첫걸음이 되는 이유가 바로 여기에 있다.

거울과 세대 차이

- 여성 평균 : 하루 10회 이상
- 남성 평균 : 하루 3회 이상

젊을수록 거울을 더 자주 본다. (셀카, 패션, SNS 활동 때문) MZ세대는 거울을 자기 표현과 브랜딩의 도구로 사용한다. 서울 성수동의 핫플레이스만 봐도 알 수 있다. 브랜드 매장들은 MZ세대 취향에 맞춰 콘셉트를 수시로 바꾼다. 거울과 셀카는 이제 단순 확인이 아니라, 소통과 표현의 문화다.

거울을 보지 않는 사람의 문제

한 지인은 하루에 딱 한 번, 샤워 후에만 거울을 본다. 그마저도 습관이 아닌 의례적인 행동이다. 나는 이렇게 말하고 싶다.

"밥을 삼시 세끼 챙겨 먹듯, 거울도 최소 세 번은 봐야 한다."

자기 모습마저 잊고 산다면, 그것만큼 슬픈 일은 없다. 거울을 자주 보는 사람은 동안이다. 거울을 보지 않는 사람은 동갑보다 10살은 더 들어 보인다. 자신의 얼굴을 점검하고 관리하는 습관은 곧, 자신감 · 용기 · 열정을 만드는 가장 쉬운 방법이다.

시니어 모델은 남의 이야기가 아니다

지하철 대기 의자에 앉아 있던 나의 엄마는 키 170에 날씬하고 지적인 분위기를 풍기면서도, 수줍은 시골 소녀 같은 모습이었다. 그 곁을 지나던 한 중년 여성이 다가와 "실례지만, 그 겉옷은 어디서 샀나요?" 하고 물었다. 그 작은 대화를 계기로, 두 사람은 친구가 되어, 지금까지도 인연을 이어가고 있다.

그 당시 나는 자식으로서 걱정이 앞섰다. "요즘 세상에 위험한 사람도 많은데, 어떻게 잘 알지도 못하는 사람과 친구가 될 수 있지?" 하며 잔소리를 늘어놓았다. 하지만 지금 돌이켜보니, 엄마의 선택은 단순한 경솔함이 아니었다. 그것은 세월이 만들어준 연륜과, 사람을 이해하고 받아들이는 공감 능력이 발휘된 순간이었다.

지금도 나의 엄마는 뉴시니어로서 솔선수범하며, 당당하게 살아가고 있다. 그런 엄마를 보며 나는 존경과 사랑을 동시에 느낀다. 동시에 엄마의 삶을 통해, 언젠가 나도 마주할 시니어의 미래를 미리 경험하는 기분이 든다. 결국 엄마가 보여준 삶의 태도는 나에게 큰 가르침을 준다. 용기란 단순히 행동하는 것이 아니라, 나의 가치와 철학을 키우고 성장시키는 원동력이라는 사실을 깨닫게 된 것이다.

시니어 모델, 새로운 워너비

오늘날 시니어 모델은 더 이상 남의 이야기가 아니다. 많은 이들이 본업과는 전혀 다른 취미와 도전에 나서며, '부캐릭터(부캐)'를 만들고 있다.

• 광고 모델
• 배우
• 트로트 가수
• 워킹 강사

이처럼 다양한 영역에서 시니어 모델들이 활발하게 활동하며, 젊은 세대 못지않게 워너비의 대상이 되고 있다. 나 역시 그들의 용기와 매력을 부러운 시선으로 바라본다.

이성 친구와 많이 놀자

우리가 나이가 들수록 가장 먼저 줄어드는 것은 '관계의 다양성'이다. 동성 친구들과만 어울리다 보면 대화가 점점 한정적이 되고, 어느 순간엔가 주제가 험담이나 불평으로 흘러가는 경우가 많다. 이런 대화는 웃음을 주기보다 오히려 스트레스를 키우고, 마음을 닫게 하며 노화를 촉진시킬 수 있다.

반대로 이성과의 대화는 신선한 활력을 준다. 생각하는 방식이 다르고, 표현하는 방식이 달라서 대화에 새로운 자극이 생긴다. 동창회, 취미 모임, 봉사 활동 등에서 자연스럽게 이어지는 이성과의 만남은 단순한 교류를 넘어, 삶의 균형을 회복하는 데 큰 도움이 된다.

일본 최고의 노인 의료 전문가 와다 히데키 박사는 임상 연구를 통해 흥미로운 결과를 발표했다. 이성과의 대화가 2~3번 이상 이어지면 사람의 뇌와 몸은 편안함을 느끼고, 동시에 성호르몬의 분비가 촉진된다는 것이다. 성호르몬은 단순히 생식 기능만이 아니라, 피부 탄력·체력·정신적 안정과 직결된다. 즉, 이성과의 대화는 단순한 즐거움이 아니라 노화를 지연시키는 자연스러운 처방이 될 수 있다는 이야기다.

"왜 이성 친구가 중요한가?"

- 정서적 활력 : 색다른 대화가 뇌를 자극해 사고를 유연하게 만든다.
- 사회적 확장 : 동성 모임에만 갇히지 않고 관계망이 넓어진다.
- 생리적 효과 : 호르몬 균형이 유지되며, 몸과 마음이 젊음을 되찾는다.
- 심리적 안정 : 이성과의 대화 속에서 얻는 존중과 배려가 자존감을 높인다.

실천 팁

- 동창회나 동호회 모임에서 이성과 자연스럽게 대화하기
- 새로운 취미(댄스, 여행, 글쓰기 등)를 통해 남녀가 함께하는 활동 시도하기
- 부담 없는 산책, 커피 모임으로 대화를 생활화하기
- 친구'라는 가벼운 태도로 접근하기 (부담 없이 즐기는 것이 핵심)

결국 이성 친구와 어울린다는 것은 단순히 즐거움을 넘어, 정신·신체·사회적 젊음을 유지하는 비밀 열쇠다. 동성 친구의 대화가 일상의 위안을 준다면, 이성 친구의 대화는 삶에 활력을 더해준다. 나이를 거슬러 살고 싶다면, 오늘 바로 이성 친구와 함께하는 시간을 만들어 보자.

심장을 다시 뛰게 하자

우리는 오랫동안 가족을 위해, 일을 위해, 사회적 역할을 위해 달려왔다. 이제 머리칼에는 흰빛이, 얼굴에는 세월의 흔적이 남았다. 그러나 이것은 쇠퇴가 아니라 새로운 시작의 표식이다.

삶의 전반부가 '타인을 위한 시간'이었다면, 이제부터는 '나를 위한 시간'을 살아야 한다. '나이가 있으니 조용히 지내야지'라는 것은 잘못된 생각이다. 오히려 나이가 들수록 더 화려해야 하고, 더 젊게 꾸며야 하며, 더 크게 웃어야 한다.

1. 외적인 관리 — 나를 세우는 힘

- 세련된 옷차림, 나에게 맞는 헤어스타일, 나이를 감싸 안는 메이크업.
- 이것은 단순한 겉치장이 아니라, 내 마음에 "나는 여전히 살아 있다"라는 메시지를 새기는 행위다.
- 거울 앞에서 만족스러운 미소를 짓는 순간, 자신감과 활력은 다시 살아난다.

2. 내적인 설렘 — 심장을 젊게 하는 힘

- 설렘은 우리의 심장을 젊게 한다.
- 그 가장 확실한 방법이 바로 콘서트다.
- 음악이 울려 퍼지는 순간, 나이는 사라지고 수천 명과 함께 스무 살의 심장으로 돌아간다.
  그 두근거림은 어떤 약이나 건강식품보다 강력한 젊음의 비밀이다.

또한, 팬클럽 활동은 새로운 동력을 준다. 같은 대상을 좋아하고, 같은 이야기를 나누는 사람들과의 만남은 새로운 가족이 된다. 거기서 우리는 소속감을 얻고, 함께 웃고 울며, 혼자가 아님을 확인한다. 나이 듦은 고립이 아니라, 더 넓은 관계 속으로 들어가는 또 다른 기회일 수 있다.
젊음을 유지하는 힘은 단순하다. 외적으로는 나를 아끼고 꾸미며, 내적으로는 설레는 순간을 의도적으로 만드는 것. 여기에 미용과 패션은 나를 세상 앞에 당당히 세우게 하고, 콘서트와 팬클럽 활동은 내 심장을 다시 뛰게 한다. 그러니 주저하지 말자. 새로운 옷 한 벌을 사고, 콘서트 티켓을 예매하고, 응원하는 사람들과 연결되자. 그 작은 실천 하나가 당신의 인생 후반부를 놀랍도록 반짝이게 만들 것이다.

심장은 나이를 묻지 않는다. 다만, 당신이 얼마나 자주 설레고 있는지를 묻는다. 이제 필요한 것은 단 하나, 심장을 다시 뛰게 하는 용기다.

의욕을 만드는 방법 - 외모부터 꾸미자

우리는 흔히 의욕을 마음에서 찾으려 한다. 그러나 의욕은 생각에서 오는 것이 아니라 몸에서 먼저 시작된다. 마음이 무너질 때 몸을 세우면 마음도 따라 일어나지만, 몸이 흐트러져 있으면 아무리 마음을 다잡아도 쉽게 무너지고 만다. 따라서 의욕을 만드는 가장 빠른 길은 생각을 바꾸는 것이 아니라, 행동을 바꾸는 것이다. 그 첫걸음은 다름 아닌 외모를 가꾸는 일이다.

"왜 외모가 중요한가?"

거울 앞에서 흐트러진 머리와 무심한 표정을 마주할 때, 우리는 스스로에게 무력한 이미지를 새긴다. 반대로 단정한 옷차림, 반듯한 머리, 은은한 미소는 내 안에 이렇게 말한다.

"나는 여전히 나를 사랑한다."

외모를 가꾸는 순간, 그것은 단순한 꾸밈이 아니라 자존의 선언이다. 그리고 그 선언이 우리를 세상 앞에 다시 서게 만든다.

많은 사람들은 나이가 들면 이렇게 말한다.

"이제는 꾸밀 필요가 없어."

하지만 이 말 속에는 이미 의욕을 잃은 마음이 숨어 있다. 실세로는 그럴 때일수록 더 꾸며야 한다. 옷 한 벌의 변화, 헤어스타일의 작은 손질, 나를 돋보이게 하는 색 하나가 삶 전체의 분위기와 기운을 바꾸어 놓기 때문이다. 외모를 가꾼다는 것은 단순히 젊어 보이기 위한 시도가 아니다. 그 행위 자체가 내 안의 젊음을 다시 깨우고, '나는 여전히 살아 있고, 나를 존중한다'라는 메시지를 스스로에게 전하는 의식인 것이다.

우리는 종종 '의욕이 생기면 행동한다'고 생각하지만, 사실은 그 반대다. 행동이 의욕을 만든다. 아침에 머리를 단정히 빗는 순간, 세탁된 옷을 입는 순간, 입술에 색을 더하는 순간…… 그 순간마다 이미 의욕은 피어나고 있다. 작은 행동이 하루의 태도를 바꾸고, 태도가 새로운 경험을 만들며, 경험은 다시 설렘으로 이어진다.

아침 외모 관리 5분 루틴

의욕은 크고 거창한 계획이 아니라, 작고 꾸준한 습관에서 자란다. 단 5분이면 하루를 새롭게 열 수 있다.

1. 거울을 바라보며 미소 짓기 (30초)
오늘의 나를 받아들이는 순간, 하루의 기운이 달라진다.

2. 머리 정돈하기 (1분)
가지런한 머리칼은 마음도 정리해 준다. 작은 빗질이 자신감의 출발점이다.

3. 피부에 생기 더하기 (1분 30초)
가벼운 보습과 은은한 색조만으로도 얼굴이 밝아지고, 기분은 환해진다.

4. 오늘의 옷 선택하기 (1분)
무심한 옷 대신 나를 돋보이게 하는 색을 고른다. 옷은 하루의 무드와 용기를 결정한다.

5. 향기 입히기 (30초)
좋아하는 향을 가볍게 뿌리는 순간, '오늘도 나는 특별하다'는 기분이 생긴다.

의욕은 먼 곳에 있지 않다. 거울 앞에서 나를 단정히 세우는 작은 실천이 곧 하루를 바꾸고, 하루가 쌓여 인생을 바꾼다. 의욕은 결국 '살고자 하는 아름다움'에서 비롯되며, 그 아름다움은 언제나 외모 관리에서 시작된다.

mz와 1일 공감 친구하기 - 성수동에서 배우는 트렌드

인생의 아름다움은 단지 세월이 쌓여 깊어지는 데서만 나오지 않는다. 때로는 젊은 세대가 누리는 가벼움과 순간의 즐거움 속에도 숨어 있다. 그래서 우리는 가끔, 하루쯤은 MZ세대와 공감 친구가 되어 보아야 한다. 그것은 단순한 세대 체험이 아니라, 나를 젊게 만드는 작은 철학적 실험이다.

성수동은 그런 실험을 하기에 최적의 공간이다. 과거의 공장과 창고가 카페와 갤러리로 바뀌며, 이곳은 과거와 현재가 공존하는 장소가 되었다. 젊은 세대는 성수동에서 커피를 마시고, 새로운 브랜드를 탐험하며, 그 순간을 사진으로 남긴다. 우리가 이곳을 찾는 것은 단순히 유행을 좇는 일이 아니다. 그것은 잠시나마 젊음의 감각을 빌려와 지금의 나를 환기하는 행위다.

세대가 다르다고 해서 서로의 세계가 단절된 것은 아니다. 같은 거리를 걷고, 같은 노래를 듣고, 같은 풍경을 바라본다면 이미 친구가 될 수 있다. 하루 동안이라도 MZ세대의 눈으로 세상을 바라보면, 잊었던 호기심과 설렘이 다시 피어난다. 그 순간, 삶은 다시 두근거리며 살아난다.

트렌드는 빠르게 변한다. 오늘의 인기 카페가 내일은 사라지고, 이번 주의 패션이 다음 주에는 잊힌다. 그러나 그 무상함이야말로 젊은 세대가 지닌 지혜다. 그들은 변화를 두려워하지 않고, 순간의 빛을 기꺼이 즐긴다. 우리는 종종 변치 않는 가치만을 좇으려 하지만, 사실은 끊임없이 변하는 것 속에서도 삶의 활력이 자란다.

철학적으로 보자면, 젊음은 나이와 상관없다. 젊음은 순간을 기꺼이 살아내는 태도다. 성수동을 거닐며 낯선 메뉴를 시도하고, 어색한 포즈로 사진을 찍고, 젊은이들과 나란히 앉아 같은 풍경을 바라보는 그 짧은 순간, 우리는 '다시 현재'를 산다. 과거도 미래도 아닌 지금 이 순간, 변하는 트렌드 속에서만 얻을 수 있는 현재성의 즐거움을 체험하게 되는 것이다.
결국 우리는 모두, 서로의 시간을 살아가는 여행자다. 나이가 든 우리는 깊이를 지녔고, 젊은 세대는 속도를 지녔다. 두 세계가 잠시 만나 균형을 이룰 때, 삶은 더욱 풍요로워진다. 그러니 주저하지 말고 성수동으로 나아가자. 그곳에서 MZ세대와 커피 한 잔을 나누며 웃는 순간, 우리의 심장은 다시 젊게 뛸 것이다.

실행 팁 — 성수동에서 MZ와 1일 공감 친구 되기

- 트렌드 공간 들어가기
  낯선 카페나 편집숍에 들어가 앉아보자. 메뉴가 익숙하지 않아도 바리스타에게 “요즘 인기 있는 걸로 추천해 주세요”라고 말하는 순간 대화가 시작된다.

• 패션으로 가볍게 변신하기
스니커즈나 가벼운 재킷 하나만 바꿔도 분위기가 달라진다. 억지로 젊어 보이려 애쓸 필요는 없다. “변화를 즐길 준비가 되어 있다”는 신호만 주면 된다.

• 사진 찍기와 기록 남기기
벽화 앞이나 카페 한쪽에서 부끄럽더라도 사진을 찍어 보자. 그 사진은 대화의 시작이자 세대 간 연결의 매개체가 된다.

• 짧은 대화로 다가가기
“이 공간 참 색다르네요.”, “이 메뉴 인기 많다면서요?” 같은 말은 부담 없는 공감의 문을 연다.

• 변화하는 트렌드 즐기기
성수동은 계절마다, 심지어 한 달마다 풍경이 달라진다. 그 변화를 따라가는 것이 아니라, 세상이 여전히 살아 움직이고 있다는 증거로 받아들이자.

노화를 공감하면 아름다운 시니어가 된다

세상에서 가장 공평한 것은 노화다. 부유한 사람도, 명성을 가진 사람도, 젊음을 오래 붙잡을 수는 없다. 누구나 같은 속도로 늙어가며, 누구도 그 여정을 비켜갈 수 없다. 노화는 억울한 운명이 아니라, 인간이라면 반드시 건너야 하는 공통의 강이다. 그럼에도 우리는 종종 노화를 두려워한다. 피부에 새겨지는 주름을 감추려 하고, 잃어가는 체력을 원망하며, 세월이 앗아간 것들만 바라본다.

그러나 시선을 바꾸어 '공감'의 관점에서 노화를 본다면 이야기는 달라진다. 주름은 단순한 흔적이 아니라, 내가 살아온 날들의 기록이다. 흰 머리카락은 쇠퇴의 신호가 아니라, 수많은 계절을 견뎌온 증거다. 노화는 개인의 불행이 아니라, 인류 모두가 함께 나누는 가장 평등한 경험이다. 이 공평함 속에서 우리는 위안을 얻고, 공감 속에서 더 아름다워질 수 있다.

"그렇다면 어떻게 살아야 할까?"

답은 단순하다. 오늘 하루를 특별하게 살아내는 것. 내일을 담보로 미루지 않고, 오늘을 다시는 오지 않을 선물처럼 대하는 것이다. 커피 한 잔을 천천히 음미하기, 창밖 햇살을 눈부시게 바라보기, 누군가에게 따뜻한 말을 건네기. 이런 작은 특별함이 쌓일 때, 노화는 더 이상 쇠퇴가 아니라 풍요가 된다.

"노화는 소멸이 아니라 변형이다"

낮 동안 뜨겁게 빛나던 태양이 저녁에는 붉은 노을로 물들고, 결국 별빛으로 변하듯이 우리 또한 언젠가는 서서히 다른 빛으로 변해간다. 노화는 사라짐이 아니라 또 다른 빛으로의 귀환이다. 따라서 노화를 공감한다는 것은 그 변화를 두려워하지 않고, 품격 있게 받아들이는 일이다.

아름다운 시니어의 모습

아름다운 시니어는 젊음을 억지로 붙잡는 사람이 아니다. 노화의 공평함을 이해하고, 그 속에서 하루를 특별히 살아내는 사람이다. 그의 주름은 아름답고, 흰 머리는 고요히 빛나며, 그의 삶은 누군가의 귀감이 되고 또 다른 이의 희망이 된다.

오늘 하루를 특별하게 살아가는 작은 실천들

• 하루 한 번 새로운 것을 시도하기

낯선 길로 산책하기, 새로운 카페 가보기, 평소 접하지 않은 취미에 도전하기.

• 감사의 말 한마디 건네기

가족, 친구, 이웃에게 "고마워"라고 말하기. 작은 감사가 하루를 특별하게 만든다.

• 하루 기록 남기기

일기, 메모, 사진으로 순간을 기록하기. 사소한 기쁨도 삶의 풍요로움이 된다.

• 몸과 마음을 가볍게 다독이기

거울 앞 미소, 아침 스트레칭, 향기로운 차 한 잔으로 하루를 시작하기.

• 자연과 연결되기
공원 산책, 하늘 보기, 바람 느끼기. 우리는 자연 속에서 별빛으로 변해가는 여정을 실감한다.

노화를 공감하는 순간, 주름 하나도, 흰 머리 하나도 삶의 흔적으로 빛난다. 오늘 하루를 진심으로 살아내는 바로 그 순간, 당신은 이미 별빛처럼 아름다운 시니어가 된다.

실행은 답이다 - 삶을 움직이는 작은 발걸음

우리는 종종 생각 속에서만 머문다. 무엇을 해야 할지 고민하고, 계획을 세우고, 마음속으로 천 번을 되새기지만, 실행하지 않는 생각은 결국 공허하다.

사실, 삶을 바꾸는 힘은 생각이 아니라 실행에 있다. 특히 시니어에게 실행은 더 큰 의미를 갖는다. 시간은 한정되어 있고, 기회는 스스로 만들어야 한다. 늙음은 피할 수 없지만, 오늘 하루를 어떻게 살아낼지는 온전히 내 선택에 달려 있다.

"실행은 거창할 필요가 없다"

- 아침에 눈을 뜨며 거울 앞에서 미소 짓기
- 하루 한 번 새로운 길을 걸어보기
- 좋아하는 음악을 들으며 손끝을 흔들기

이처럼 소소한 행동들이 모여 삶의 활력을 만든다. 철학적으로 말하면, 실행 없는 생각은 존재하지 않는다. 행동을 통해서만 우리는 자신과 세상을 확인할 수 있다.
나이가 들수록 '괜히 해보다가 실패하면 어쩌지'라는 두려움이 앞선다. 그러나 막상 행동해 보면, 대부분의 걱정은 기우였음을 깨닫는다. 시작하지 않으면 알 수 없고, 움직이지 않으면 변화도 없다. 실행은 두려움을 넘어서는 가장 확실한 도구다.

오늘의 선택, 작은 발걸음

시니어로서 우리가 할 수 있는 선택은 단순하다. 말로만 계획하지 말고, 작은 실행 하나를 지금 시작하는 것이다.

- 좋아하는 카페에 가기
- 가벼운 운동하기
- 친구에게 안부 전화 걸기
- 새로운 취미 시도하기

이 작은 실행 하나가 내면의 활력을 깨우고, 하루를 특별하게 만들며, 삶 전체를 풍요롭게 한다. 그리고 그 변화는 결코 하루로 끝나지 않는다. 작은 실행이 쌓여 습관이 되고, 습관이 모여 인생의 방향을 바꾼다. 결국 오늘의 작은 걸음은 내일의 자신감을 만들고, 그 자신감은 다시 더 큰 도전을 가능하게 한다.

"결국 실행은 삶의 답이다"

늙음도, 한계도, 두려움도 피할 수 없지만, 행동하는 한 우리는 여전히 성장하고 즐기며 빛날 수 있다. 오늘 하루 당신이 내딛는 작은 발걸음 하나가 곧 당신의 삶을 바꾸는 시작이다. 실행 없는 하루는 공허하지만, 실행하는 하루는 이미 삶을 살아낸 증거다. 그러므로 주저하지 말자. 지금 이 순간, 한 걸음 내딛는 순간 당신은 삶의 주인이 된다.

지은이 윤 서 빈

초판 1쇄 2025년 12월 15일

발행인 강대진
편 집 유지인, 김보연

발행처 북펀딩
등 록 제 2019-000337호
주 소 서울시 강남구 역삼로8길 21, 2F
번 호 02-540-4440
팩 스 02-554-4440
메 일 copyten@naver.com

ISBN 979-11-7454-015-7 (03590)

자료출처 AI